やりきれるから自信がつく！

✓ 1日1枚の勉強で，学習習慣が定着！

◎目標時間に合わせ，無理のない量の問題数で構成されているので，「1日1枚」やりきることができます。

◎解説が丁寧なので，まだ学校で習っていない内容でも勉強を進めることができます。

✓ すべての学習の土台となる「基礎力」が身につく！

◎スモールステップで構成され，1冊のなかでも繰り返し練習していくので，確実に「基礎力」を身につけることができます。「基礎」が身につくことで，発展的な学習に進むことができるのです。

◎教科書に沿っているので，授業の進度に合わせて使うこともできます。

✓ 勉強管理アプリの活用で，楽しく勉強できる！

◎設定した勉強時間にアラームが鳴るので，学習習慣がしっかりと身につきます。

◎時間や点数などを記録していくと，成績がグラフ化されたり，賞状をもらえたりするので，達成感を得られます。

◎勉強をがんばるとキャラクターとコミュニケーションを取ることができるので，日々のモチベーションが上がります。

学研 毎日のドリルの **使い方**

① 1日1枚，集中して解きましょう。

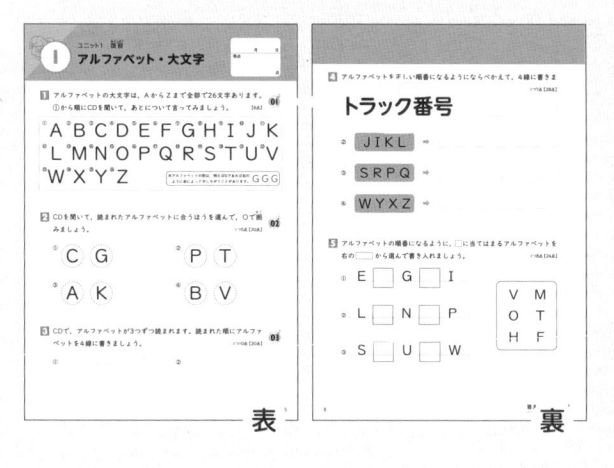

表　　　　裏

◎ 1回分は，1枚（表と裏）です。
1枚ずつはがして使うこともできます。

◎ 目標時間を意識して解きましょう。
アプリのストップウォッチなどで，かかった時間をはかるとよいです。

・「まとめテスト」で，各ユニットの内容が身についたか確認できます。

◎ CDを使って学習しましょう。
01 のマークのトラック番号に合わせてからCDを再生し，発音を確認したり，問題を解いたりしましょう。

② 答え合わせをしましょう。

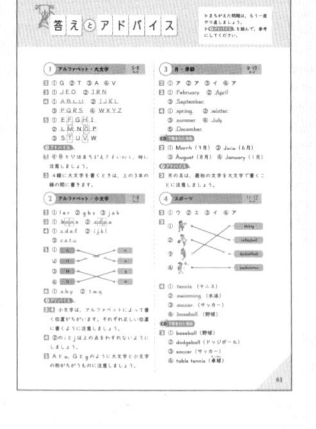

・本の最後に，「答えとアドバイス」があります。

・答え合わせをして，点数をつけましょう。

> できなかった問題を解き直すと，より力がつくよ！

③ 得点をアプリに登録しましょう。

・アプリに得点を登録すると，成績がグラフ化されます。
・勉強すると，キャラクターが育ちます。

毎日のドリル 勉強管理アプリ

「毎日のドリル」シリーズ専用，スマートフォン・タブレットで使える無料アプリです。
1つのアプリでシリーズすべてを管理でき，学習習慣が楽しく身につきます。

1 「毎日のドリル」の学習を徹底サポート！

毎日の勉強タイムをお知らせする
[タイマー]

かかった時間を計る
[ストップウォッチ]

勉強した日を記録する
[カレンダー]

入力した得点を
[グラフ化]

目標時間と日標点を意識しよう！

2 キャラクターと楽しく学べる！

好きなキャラクターを選ぶことができます。勉強をがんばるとキャラクターが育ち，「ひみつ」や「ワザ」が増えます。

3 1冊終わると，ごほうびがもらえる！

ドリルが1冊終わるごとに，賞状やメダル，称号がもらえます。

これは やる気が でるっさ！

4 漢字と英単語のゲームにチャレンジ！

ゲームで，どこでも手軽に，楽しく勉強できます。漢字は学年別，英単語はレベル別に構成されており，ドリルで勉強した内容の確認にもなります。

漢字のよみがなを当てよう

単語のいみを当てよう

自己ベスト更新を目指そう！

アプリの無料ダウンロードはこちらから！
https://gakken-ep.jp/extra/maidori/

【推奨環境】
各種Android端末：対応OS Android6.0以上
各種iOS（iPadOS）端末：対応OS iOS10以上

※対応OSであっても，Intel CPU（x86 Atom）搭載の端末では正しく動作しない場合があります。
※対応OS やお使いの機種につい ては，各ストアでご確認ください。

※お客様のネット環境およびご携帯端末によりアプリをご利用できない場合，当社は責任を負いかねます。ご了承ください。
また，事前の予告なく，サービスの提供を中止する場合がございます。ご理解，ご了承くださいますよう，お願いいたします。

Ⅰ アルファベット・大文字

月　　日
得点

点

1 アルファベットの大文字は，AからZまで全部で26文字あります。
①から順にCDを聞いて，あとについて言ってみましょう。　【8点】

① A ② B ③ C ④ D ⑤ E ⑥ F ⑦ G ⑧ H ⑨ I ⑩ J ⑪ K
⑫ L ⑬ M ⑭ N ⑮ O ⑯ P ⑰ Q ⑱ R ⑲ S ⑳ T ㉑ U ㉒ V
㉓ W ㉔ X ㉕ Y ㉖ Z

※アルファベットの形は，例えばGであれば右のように本によって少しちがうことがあります。 G G G

2 CDを聞いて，読まれたアルファベットに合うほうを選んで，○で囲みましょう。　1つ5点【20点】

3 CDで，アルファベットが3つずつ読まれます。読まれた順にアルファベットを4線に書きましょう。　1つ10点【20点】

①

②

4 アルファベットを正しい順番になるようにならべかえて，4線に書きましょう。

1つ7点【28点】

① 　D A B C　➡

② J I K L　➡

③ S R P Q　➡

④ W Y X Z　➡

5 アルファベットの順番になるように，□に当てはまるアルファベットを右の □ から選んで書き入れましょう。

1つ8点【24点】

① E □ G □ I

② L □ N □ P

③ S □ U □ W

V　M
O　T
H　F

答え ▶ 83ページ

2 アルファベット・小文字

得点　月　日　点

1 アルファベットの小文字は，aからzまで全部で26文字あります。
①から順にCDを聞いて，あとについて言ってみましょう。　【10点】

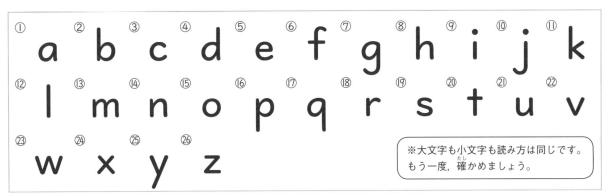

※大文字も小文字も読み方は同じです。
もう一度，確かめましょう。

2 CDで，アルファベットが3つずつ読まれます。読まれた順と合うものを選んで，□□で囲みましょう。　1つ6点【18点】

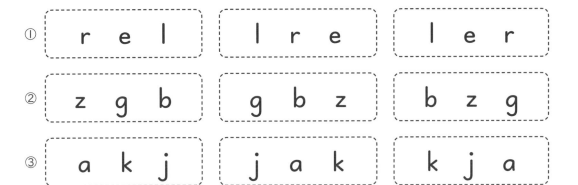

3 CDで，アルファベットが4つずつ読まれます。□に当てはまるアルファベットを小文字で4線に書き入れましょう。　1つ7点【14点】

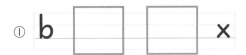

7

4 アルファベットを正しい順番になるようにならべかえて，4線に書きましょう。

① d f e c ➡

② j l k i ➡

③ r u s t ➡

5 それぞれの大文字と小文字を線でつなぎましょう。

1つ6点【24点】

① A ● ● h

② H ● ● a

③ M ● ● g

④ G ● ● m

6 それぞれの大文字を小文字に書きかえましょう。

1つ8点【16点】

① S B Y ➡

② T W Q ➡

答え ▶ 83ページ

3 月・季節

得点　　　月　　日

点

1 ・①から順にCDを聞いて，あとについて言ってみましょう。　【8点】 **07**

・声に出して読みながらなぞった後，⑬〜⑯は数回書きましょう。 1つ2点【32点】

① 1月　月の最初の文字は大文字で書きます。

January

② 2月

February

③ 3月

March

④ 4月

April

⑤ 5月

May

⑥ 6月

June

⑦ 7月

July

⑧ 8月

August

⑨ 9月　真ん中を強く読みます。

September

⑩ 10月　真ん中を強く読みます。

October

⑪ 11月

November

⑫ 12月

December

⑬ 春

spring

⑭ 夏　　　　　　　　　　　　　　　　　　　　　　　　mは2つです。

summer

⑮ 秋　　　　　　　　　　　　lは2つです。autumn［オータム］という言い方もあります。

fall

⑯ 冬

winter

9

習った単語に関する問題に答えましょう。

2はCDを聞いて，問題に答えましょう。

2 読まれた単語に合う絵をアとイからそれぞれ選んで，記号を○で囲み  ましょう。

1つ5点【20点】

3 月の順にならぶように，4線に入る単語を□から選んで書きましょう。

1つ5点【15点】

① January ——————————— March

② March ——————————— May

③ August ——————————— October

April

September

February

4 日本語を英語にしましょう。

1つ5点【25点】

① 春 　　　　　　　　　② 冬

③ 夏 　　　　　　　　　④ 7月

⑤ 12月

答え ▶ 83ページ

④ スポーツ

1
- ①から順にCDを聞いて，あとについて言ってみましょう。【10点】 09
- 声に出して読みながらなぞった後，数回書きましょう。 1つ3点【30点】

① サッカー　　　　　　　　　　　　　　　　　　　c は 2 つです。
soccer

② テニス　　　　　　　　　　　　　　　　　　　　n は 2 つです。
tennis

③ 野球
baseball

④ ドッジボール
dodgeball

⑤ バレーボール　　　　　　日本語の発音とはちがうので，注意しましょう。
volleyball

⑥ バスケットボール　　　　　　　　　はじめの a を強く読みます。
basketball

⑦ バドミントン　　　　　　日本語の発音とはちがうので，注意しましょう。
badminton

⑧ 卓球（たっきゅう）　　　table（テーブル）でする tennis（テニス）です。
table tennis

⑨ 水泳　　　　　　　　　　　　　　　　　　　　m は 2 つです。
swimming

⑩ スキー　　　　　　　　　　　　　　　　　　　i は 2 つです。
skiing

習った単語に関する問題に答えましょう。

2はCDを聞いて，問題に答えましょう。

2 読まれた単語に合う絵を下のア～エから選んで，記号を書きましょう。 **10**

1つ4点【16点】

① (　　　　) 　② (　　　　) 　③ (　　　　) 　④ (　　　　)

ア　　　　　　　イ　　　　　　　ウ　　　　　　　エ

3 絵に合う単語を右から選んで，線でつなぎましょう。

1つ5点【20点】

① ●　　　　　● skiing

② ●　　　　　● volleyball

③ ●　　　　　● basketball

④ ●　　　　　● badminton

4 絵のスポーツを表す単語を4線に書きましょう。

1つ6点【24点】

①

②

③

④

答え ▶ 83ページ

5 わたしは～です。

1 イラストを見ながら，CDに続いて英文を発音してみましょう。　【10点】

【解説】自分の名前を言うときは，I'm ～.（わたしは～です。）と言います。My name is ～.（わたしの名前は～です。）という言い方もあります。

2 ・①から順にCDを聞いて，発音を確認しましょう。

・声に出して読みながら，うすい文字をなぞりましょう。　　　1つ10点【30点】

① Hello. I'm Sarah Baker.

こんにちは。わたしはサラ・ベイカーです。　　　　　➡ Hello. は一日中使えるあいさつです。

② Hi. My name is Tanaka Jun.

やあ。ぼくの名前は田中純です。　　　　　➡ Hi. は Hello. よりもくだけたあいさつです。

③ How do you spell your name?

あなたの名前はどうつづりますか。　　　　　➡相手の名前のつづりをたずねる言い方です。

習った表現に関する問題に答えましょう。

3はCDを聞いて，問題に答えましょう。

3 CDを聞いて，自己紹介をした順に（　）に番号を書き入れましょう。

1つ10点【30点】

Kenta（健太）　　Sam（サム）　　Lisa（リサ）

（　　　）　　　　（　　　）　　　　（　　　）

4 日本語の意味になるように，[　　]内の単語をならべかえ，4線に英文を書きましょう。

1つ10点【20点】

① わたしの名前は純(Jun)です。

[name / is / my / Jun].

➡最初に書く単語の1文字目は大文字にします。

② あなたの名前はどうつづるのですか。

How [spell / your / you / do] name?

➡ How や name? など，ならべかえない部分もいっしょに書きましょう。

5 日本語の意味になるように，英文を4線に書きましょう。　　　【10点】

 こんにちは。わたしは亜美(Ami)です。

答え ▶ 84ページ

6 好きなスポーツは?

1 イラストを見ながら，CDに続いて英文を発音してみましょう。　【10点】 13

What **sport** do you like?

あなたは何のスポーツが好きですか。

I like **baseball**.

ぼくは野球が好きです。

【解説】「何の〜が好きですか。」とたずねるときは，What 〜 do you like? と言います。
「〜」の部分には，ほかに subject（教科）や animal（動物）などが入ります。

2 ・①から順にCDを聞いて，発音を確認しましょう。

・声に出して読みながら，うすい文字をなぞりましょう。　　　1つ10点【30点】

① What sport do you like?

あなたは何のスポーツが好きですか。　　　　　　➡ what sport は「何のスポーツ」という意味です。

② I like baseball.

わたしは野球が好きです。　　　　　　　➡ I like 〜. は「わたしは〜が好きです。」という意味です。

③ What animal do you like?

あなたはどんな動物が好きですか。　　　　　　➡ animal は「動物」という意味です。

15

3 CDを聞いて，それぞれの人が好きなスポーツを右の ⬚ から選んで，記号で答えましょう。　　　　　1つ10点【30点】　🎵**14**

① Kenta　（　　　）
② Ami　（　　　）
③ Lisa　（　　　）

ア バスケットボール
イ バレーボール
ウ バドミントン

4 日本語の意味になるように，[　　]内の単語をならべかえ，4線に英文を書きましょう。　　　　　1つ10点【20点】

① あなたは何の動物が好きですか。

[like / you / what / animal / do]?

② わたしは水泳が好きです。

[swimming / like / I].

5 下の質問に対するあなたの答えを，英語で書きましょう。　　　【10点】

What sport do you like?
（あなたは何のスポーツが好きですか。）

I

7 誕生日はいつ？

月　　　日

得点

点

1 イラストを見ながら，CDに続いて英文を発音してみましょう。　【10点】

When is your birthday?
あなたの誕生日はいつですか。

8/20

My birthday is August 20th.
わたしの誕生日は8月20日です。

【解説】相手の誕生日がいつかとたずねるときは，When is your birthday?（あなたの誕生日はいつですか。）と言います。日付は〈月→日〉の順で言います。

2 ・①から順にCDを聞いて，発音を確認しましょう。

・声に出して読みながら，うすい文字をなぞりましょう。　　1つ10点【30点】

① When is your birthday?

あなたの誕生日はいつですか。　　　　　➡ When is ～? は「～はいつですか。」という意味です。

② My birthday is August 20th.

わたしの誕生日は8月20日です。　　　　➡ 「日」は，one, two…のようなふつうの数で表しません。

③ My birthday is May 1st.

わたしの誕生日は5月1日です。

習った表現に関する問題に答えましょう。

3 はCDを聞いて，問題に答えましょう。

---

3 CDを聞いて，それぞれの人の誕生日を右の □ から選んで，記号で答えましょう。 🎵**16**

1つ10点【30点】

① Sam （　　　）

② Kenta （　　　）

③ Lisa （　　　）

ア 3月3日
イ 6月25日
ウ 9月18日

---

4 日本語の意味になるように，[　　]内の単語をならべかえ，4線に英文を書きましょう。

1つ10点【20点】

① あなたの誕生日はいつですか。

[your / when / birthday / is]?

② わたしの誕生日は2月9日です。

[birthday / is / my / February] 9th.

➡ 9th. もいっしょに書きましょう。

---

5 あなたの誕生日を伝える英文を書きましょう。 【10点】

My

```
「日」の言い方
基本的に4日以降は数字にthをつけて表します。色のついたものは注意しましょう。
1日 1st　2日 2nd　3日 3rd　4日 4th　5日 5th　6日 6th　7日 7th　8日 8th　9日 9th
10日 10th　11日 11th　12日 12th　13日 13th　14日 14th … 20日 20th
21日 21st　22日 22nd　23日 23rd　24日 24th　25日 25th … 30日 30th　31日 31st
```

答え ▶ 84ページ

Name

月　日 **15**分

※英語で名前を書きましょう。

点

1 CDで，あるグループ名が日本語で読まれたあと，ア，イ，ウの3つの単語が読まれます。この中から，グループの仲間<u>でない</u>単語を1つ選んで，記号を〇で囲みましょう。

1つ5点【20点】

① （ ア　　イ　　　ウ ）　　　② （ ア　　　イ　　　ウ ）

③ （ ア　　イ　　　ウ ）　　　④ （ ア　　　イ　　　ウ ）

2 CDで読まれたほうの英語を選んで，4線に書きましょう。

1つ5点【10点】

①

 9月　　 12月

September　　　December

②

baseball　　　basketball

3 CDでそれぞれの絵について，アとイの英文が読まれます。絵に合うほうを選んで，記号を〇で囲みましょう。

1つ10点【20点】

① （ ア　　　イ ）　　② （ ア　　　イ ）

4 日本語を表す英語を右から選んで，線でつなぎましょう。　1つ5点【20点】

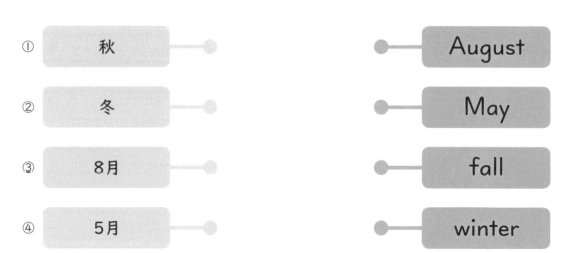

① 秋　——　August

② 冬　——　May

③ 8月　——　fall

④ 5月　——　winter

5 日本語の意味になるように，英語を4線の（　　　）に書きましょう。

1つ6点【12点】

① あなたは何のスポーツが好きですか。

（　　　　　） sport do you like?

② あなたの誕生日はいつですか。

（　　　　　） is your birthday?

6 自分自身のことについて，それぞれの指示にしたがって，自己紹介の文を4線に英語で書きましょう。　1つ9点【18点】

① あなたの下の名前

② あなたの誕生日

答え ▶ 84ページ

9 身の回りのもの①

1
・①から順にCDを聞いて，あとについて言ってみましょう。　【10点】🎵**20**
・声に出して読みながらなぞった後，数回書きましょう。　1つ3点【30点】

 ① ぼうし　　　　　　　　　　　　野球ぼうのような，ふちのないぼうしを指します。

cap

 ② かばん

bag

 ③ (野球の)バット

bat

 ④ ボール　　　　　　　　　　　　l は 2 つです。

ball

 ⑤ ラケット　　　　　　　　　　　ck のつづりに注意しましょう。

racket

 ⑥ うで時計

watch

 ⑦ ピアノ　　　　　　　　　　　　日本語の発音とはちがうので，注意しましょう。

piano

 ⑧ Tシャツ

T-shirt

 ⑨ コンピューター　　　　　　　　真ん中を強く読みます。

computer

 ⑩ かさ　　　　　　　　　　　　　真ん中を強く読みます。

umbrella

習った単語に関する問題に答えましょう。

2はCDを聞いて，問題に答えましょう。

2 それぞれの絵について，アとイの単語が読まれます。絵に合うほうを
選んで，記号を〇で囲みましょう。 1つ4点【12点】 🎵**21**

① （ ア　　イ ）　　　　② （ ア　　イ ）　　　　③ （ ア　　イ ）

3 ［タテのカギ］と［ヨコのカギ］をヒントに，□にアルファベットを書
いて，パズルを完成させましょう。 1つ4点【20点】

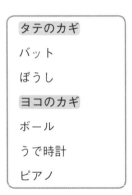

タテのカギ

バット

ぼうし

ヨコのカギ

ボール

うで時計

ピアノ

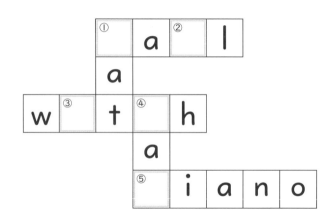

4 絵に合う単語を4線に書きましょう。［　　　］のアルファベットを使い
ましょう。 1つ7点【28点】

① ［a, b, g］

② ［a, c, e, k, r, t］

③ ［i, h, r, s, t］

④ ［a, b, l, e, l, m, u, r］

答え ▶ 85ページ

⑩ 教科

月　日
得点

点

1 ・①から順にCDを聞いて，あとについて言ってみましょう。　【10点】 🎵**22**

・声に出して読みながらなぞった後，数回書きましょう。　1つ3点【30点】

 ① 英語　　　　　　　　　　　　　　　　　　　　最初の文字は大文字で書きます。

English

 ② 国語　　　　　　　　　　　　　　　　　　　　最初の文字は大文字で書きます。

Japanese

 ③ 算数　　　　　　　　　　　　　　　　　　　　th の発音に注意しましょう。

math

 ④ 理科　　　　　　　　　　　　　　　　　　　　sc のつづりに注意しましょう。

science

 ⑤ 社会

social studies

 ⑥ 音楽

music

 ⑦ 図画工作

arts and crafts

 ⑧ 体育　　　　　　　　　　　　　　　　　　　　大文字で表します。

P.E.

 ⑨ 家庭科

home economics

 ⑩ 書写　　　　　　　　　　　　　　　　　　　　l は 2 つです。

calligraphy

習った単語に関する問題に答えましょう。

2はCDを聞いて，問題に答えましょう。

2 読まれた単語に合う絵を下のア～エから選んで，記号を書きましょう。

1つ4点【16点】

23

① (　　　)　② (　　　)　③ (　　　)　④ (　　　)

ア　　　　　　　イ　　　　　　ウ　　　　　　エ

3 絵に合う単語を右から選んで，線でつなぎましょう。

1つ5点【20点】

①　　　●　　　　　　　　　●　P.E.

②　　　●　　　　　　　　　●　Japanese

③　　　●　　　　　　　　　●　home economics

④　　　●　　　　　　　　　●　arts and crafts

4 日本語を英語にしましょう。[　]のアルファベットを使いましょう。

1つ6点【24点】

① 算数　　　　　　　　　　② 英語
　[a, h, m, t]　　　　　　　　[E, i, l, g, h, n, s]

③ 音楽　　　　　　　　　　④ 理科
　[c, i, m, s, u]　　　　　　　[c, e, c, e, i, s, n]

答え ▶ 85ページ

職業
しょくぎょう

1
- ①から順にCDを聞いて，あとについて言ってみましょう。　【10点】**24**
- 声に出して読みながらなぞった後，数回書きましょう。　1つ3点【30点】

① 宇宙飛行士
うちゅうひこうし　　　　　　　　　　　　　　　　　　　　　　　　　　最初を強く読みます。

astronaut

② パン職人，パン屋さん
しょくにん

baker

③ 医師
いし

doctor

④ 農場経営者，農家（の人）
けいえいしゃ　　　　　　　　　　　　　　　　　　　farm は「農場」という意味です。

farmer

⑤ 生花店の店主，花屋さん

florist

⑥ パイロット

pilot

⑦ 歌手　　　　　　　　　sing（歌う）に「〜する人」の意味を表す er がついた形です。

singer

⑧ サッカー選手　　　　　　　　　　　　player は「選手」という意味です。

soccer player

⑨ 教師，先生　　　　　teach（教える）に「〜する人」の意味を表す er がついた形です。
きょうし

teacher

⑩ じゅう医師

vet

習った単語に関する問題に答えましょう。

2はCDを聞いて，問題に答えましょう。

2 3つの単語が順番に読まれます。読まれた順番に，絵の下の（　　）に数字を書きましょう。

1つ4点【12点】

（　　）

（　　）

（　　）

3 （例）にならって，①～④の絵に合う単語を縦，または横でさがして，◯で囲みましょう。

1つ6点【24点】

（例）

（かばん）

b	a	g	h	i	b	e	t
a	b	c	f	g	o	v	k
d	a	f	a	r	m	e	r
e	k	j	k	s	a	t	l
s	e	t	p	i	x	t	o
p	r	p	i	l	o	t	r

①

②

③

④

4 絵の職業を表す単語を4線に書きましょう。[　　]のアルファベットを使いましょう。

1つ8点【24点】

①

[e, i, g, n, r, s]

②

[f, i, l, o, r, t, s]

③

[a, c, e, h, e, r, t]

12 ほしいものは？

月　日
得点
点

1 イラストを見ながら，CDに続いて英文を発音してみましょう。　【10点】 **26**

What do you want for **your birthday**?
あなたは誕生日に何がほしいですか。

I want **a new bike**.
ぼくは新しい自転車がほしいです。

【解説】「あなたは〜に何がほしいですか。」は What do you want for 〜? と言います。
自分がほしいものを伝えるときは，I want 〜. （わたしは〜がほしいです。）と言います。

2 ・①から順にCDを聞いて，発音を確認しましょう。

　　・声に出して読みながら，うすい文字をなぞりましょう。　　　1つ10点【30点】

① What do you want for your birthday?

あなたは誕生日に何がほしいですか。　　　　　　　➡ for は「〜（のため）に」という意味です。

② I want a new bike.

わたしは新しい自転車がほしいです。　　　　　　　➡ new は「新しい」という意味です。

③ This is for you.　Here you are.

これはあなたにです。はい，どうぞ。　　　　　　　➡プレゼントをわたすときに使う言い方です。

27

3 CDを聞いて，それぞれの人が誕生日にほしいものを右の□□□から **27**
選んで，記号で答えましょう。　　　　　　　　　1つ10点【30点】

① Sam	② Lisa	③ Ami
（　　）	（　　）	（　　）

ア かばん
イ テニスラケット
ウ コンピューター

4 日本語の意味になるように，[　　]内の単語をならべかえ，4線に英文
を書きましょう。　　　　　　　　　　　　　　　1つ10点【20点】

① あなたは誕生日に何がほしいですか。

[do / for / what / you / want] your birthday?

➡ your birthday? もいっしょに書きましょう。

② わたしは新しいうで時計がほしいです。

[a / new / I / want / watch].

5 日本語の意味になるように，英文を4線に書きましょう。　　　【10点】

ぼくはサッカーボールがほしいです。

答え ▶ 86ページ

13 勉強したい教科は？

月　　日

得点

点

1 イラストを見ながら，CDに続いて英文を発音してみましょう。　【10点】🎵**28**

What do you want to study?

あなたは何を勉強したいですか。

I want to study **math**.

わたしは算数を勉強したいです。

【解説】相手が勉強したい教科をたずねるときは，What do you want to study?（あなたは何を勉強したいですか。）と言います。what は「何」という意味です。

2 ・①から順にCDを聞いて，発音を確認しましょう。

・声に出して読みながら，うすい文字をなぞりましょう。　　　　　1つ10点【30点】

① What do you want to study?

あなたは何を勉強したいですか。　　　　　　　　➡ want to ～は「～したい」という意味です。

② I want to study math.

わたしは算数を勉強したいです。　　　　　　　　➡自分が勉強したい教科を伝える言い方です。

③ I want to study English.

わたしは英語を勉強したいです。

3 CDを聞いて，それぞれの人が勉強したい教科を右の〔　　〕から選んで，記号で答えましょう。　　　**29**

1つ10点【30点】

①　Kenta　（　　　）

②　Lisa　（　　　）

③　Sam　（　　　）

> ア　社会
> イ　国語
> ウ　理科

4 日本語の意味になるように，[　　　]内の単語をならべかえ，4線に英文を書きましょう。

1つ10点【20点】

①　あなたは何を勉強したいですか。

[you / to / do / what / want] study?

➡ study? もいっしょに書きましょう。

②　わたしは英語を勉強したいです。

[I / study / to / want / English].

5 日本語の意味になるように，英文を4線に書きましょう。　　　【10点】

> わたしは算数を勉強したいです。

14 なりたい職業は？

月　　日

得点

点

1 イラストを見ながら，CDに続いて英文を発音してみましょう。　【10点】 🎵 **30**

What do you want to be?

あなたは何になりたいですか。

I want to be **a scientist**.

わたしは科学者になりたいです。

【解説】相手になりたい職業などをたずねるときは，What do you want to be?（あなたは何になりたいですか。）と言います。

2 ・①から順にCDを聞いて，発音を確認しましょう。

・声に出して読みながら，うすい文字をなぞりましょう。　1つ10点【30点】

① What do you want to be?

あなたは何になりたいですか。　　　　　　　　　　➡ want to be は「～になりたい」という意味です。

② I want to be a scientist.

わたしは科学者になりたいです。　　　　　　　　　➡ なりたい職業を言うときの表現です。

③ I want to be an astronaut.

わたしは宇宙飛行士になりたいです。

3 CDを聞いて，それぞれの人がなりたい職業を右の □ から選んで，
記号で答えましょう。　　　　　　　　　　　　　　　　1つ10点【30点】　**31**

① Sam　（　　）　② Ami　（　　）　③ Kenta　（　　）

ア サッカー選手
イ 歌手
ウ じゅう医師

4 日本語の意味になるように，[　　]内の単語をならべかえ，4線に英文
を書きましょう。　　　　　　　　　　　　　　　　1つ10点【20点】

① あなたは何になりたいですか。

What [to / you / want / be / do]?

➡ What と ? もいっしょに書きましょう。

② わたしは先生になりたいです。

I [a / be / to / teacher / want].

➡ I と . もいっしょに書きましょう。

5 あなたのなりたい職業を伝える英文を書きましょう。　　　　　　【10点】

I

答え ▶ 87ページ

15 まとめテスト②

1 CDを聞いて，読まれた単語に合う絵をアとイからそれぞれ選んで，記号を○で囲みましょう。

1つ5点【20点】

①
　　ア　　　　イ

②
　　ア　　　　イ

③
　　ア　　　　イ

④
　　ア　　　　イ

2 CDで読まれたほうの英語を選んで，4線に書きましょう。

1つ5点【10点】

①
music　　　Japanese

②
singer　　　teacher

3 CDの英語を聞いて，読まれた英語を4線の（　　）に書きましょう。

1つ8点【16点】

① What do you want for your （　　　　　）?

② What do you want to （　　　　　）?

4 日本語を英語にしましょう。[ ]のアルファベットを使いましょう。

1つ6点【18点】

① うで時計

[a, c, h, t, w]

② 理科

[c, e, n, s, e, i, c]

③ かさ

[b, a, e, l, r, l, m, u]

5 日本語の意味になるように，[ ]内の単語をならべかえ，4線に英文を書きましょう。

1つ8点【16点】

① わたしは新しいかばんがほしいです。

[bag / a / want / new / I].

② あなたは何になりたいですか。

What [you / to / do / be / want]?

6 自分自身のことについて，次の内容を伝える英文を，4線に書きましょう。

1つ10点【20点】

① あなたがなりたい職業

② あなたが勉強したい教科

答え ▶ 87ページ

16 身の回りのもの②

1
- ①から順にCDを聞いて，あとについて言ってみましょう。　【10点】 **35**
- 声に出して読みながらなぞった後，数回書きましょう。　1つ3点【30点】

① ベッド
bed

② 箱
box

③ カップ，茶わん
cup

④ ぼうし　　　　　　　　　　ふちのついたぼうしを指します。
hat

⑤ ペン
pen

⑥ テレビ　　　　　　　大文字で書きます。「テレビ」では通じません。
TV

⑦ カード
card

⑧ 時計　　　　　持ち運びしない，置き時計やかけ時計を指します。
clock

⑨ テーブル　　　　　　日本語の発音とはちがうので，注意しましょう。
table

⑩ カレンダー　　　　　　　　　　　　最初を強く読みます。
calendar

習った単語に関する問題に答えましょう。

2はCDを聞いて，問題に答えましょう。

2 読まれた単語に合う絵をアとイからそれぞれ選んで，記号を〇で囲みましょう。 🎵36

1つ4点【16点】

①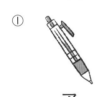

ア　　　イ

②

ア　　　イ

③

ア　　　イ

④

ア　　　イ

3 (例)にならって，①〜④の絵に合う単語を縦，または横でさがして，◯で囲みましょう。

1つ5点【20点】

(例)

(かばん)

b	a	g	h	j	q	e	t
k	a	r	d	c	a	f	c
e	h	a	t	l	s	b	e
l	i	c	n	o	y	o	a
o	a	s	m	c	e	x	w
p	e	n	v	k	t	i	s

①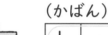

②

③

④

4 絵に合う単語を4線に書きましょう。

1つ6点【24点】

①

②

③

④

答え ▶ 88ページ

17 曜日・時間帯

1
- ①から順にCDを聞いて，あとについて言ってみましょう。　【10点】 **37**
- 声に出して読みながらなぞった後，数回書きましょう。　1つ3点【30点】

 ① 日曜日　　　　　　　　　　　　　　　　　　　　曜日の最初の文字は大文字で書きます。

Sunday

 ② 月曜日

Monday

 ③ 火曜日

Tuesday

 ④ 水曜日　　　　　　　　　　　　　　　　　　　dをわすれずに書きましょう。

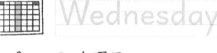Wednesday

 ⑤ 木曜日

Thursday

 ⑥ 金曜日

Friday

 ⑦ 土曜日

Saturday

 ⑧ 朝，午前　　　　　　　　　　　　「おはよう」は Good morning. と言います。

morning

 ⑨ 午後

afternoon

 ⑩ 夕方，晩　　　　　　　　　　　　「夜」は night ［ナーイト］と言います。

evening

習った単語に関する問題に答えましょう。

2はCDを聞いて，問題に答えましょう。

2 読まれた単語に合う絵をアとイからそれぞれ選んで，記号を〇で囲みましょう。

♪**38**

1つ4点【16点】

①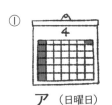
ア （日曜日）　　イ （土曜日）

②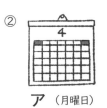
ア （月曜日）　　イ （木曜日）

③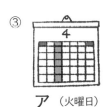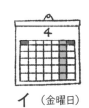
ア （火曜日）　　イ （金曜日）

④
ア　　　　イ

3 日曜日から順にならぶように，4線に入る単語を□□から選んで書きましょう。

1つ5点【20点】

Sunday ― ① _____ ― Tuesday ― ② _____

― Thursday ― ③ _____ ― ④ _____

| Friday | Saturday | Monday | Wednesday |

4 絵の時間帯を表す語を4線に書きましょう。

1つ8点【24点】

① _____

② _____

③ _____

答え ▶ 88ページ

18 家族・人

1
- ①から順にCDを聞いて，あとについて言ってみましょう。　【10点】 🎵**39**
- 声に出して読みながらなぞった後，数回書きましょう。　1つ3点【30点】

 ① 父

father

 ② 母

mother

 ③ 兄，弟　　　　　　　　英語では，年れいの上下に区別なくbrotherを使います。

brother

 ④ 姉，妹　　　　　　　　英語では，年れいの上下に区別なくsisterを使います。

sister

 ⑤ 祖父（そふ）

grandfather

 ⑥ 祖母（そぼ）

grandmother

 ⑦ 家族

family

 ⑧ 友達　　　　　　　　　　　　　　ieのつづりに注意しましょう。

friend

 ⑨ 少年，男の子

boy

 ⑩ 少女，女の子

girl

習った単語に関する問題に答えましょう。

2はCDを聞いて，問題に答えましょう。

2 読まれた単語に合う絵を下のア〜エから選んで，記号を書きましょう。🎵**40**

1つ4点【16点】

① (　　　　) ② (　　　　) ③ (　　　　) ④ (　　　　)

ア 少年　　　　イ 母　　　　ウ 祖父　　　　エ

3 絵に合う単語を右から選んで，線でつなぎましょう。

1つ5点【20点】

① 祖母　●　　　　　●　sister

② 父　●　　　　　●　grandmother

③ 姉，妹　●　　　　　●　boy

④ 少年　●　　　　　●　father

4 日本語を英語にしましょう。

1つ6点【24点】

① 少女 _____　② 母 _____

③ 兄，弟 _____　④ 友達 _____

答え ▶ 88ページ

19 動作

1 ・①から順にCDを聞いて，あとについて言ってみましょう。　【10点】 41

・声に出して読みながらなぞった後，数回書きましょう。　1つ3点【30点】

① 料理する　　　　　　　　　　　　　cook には「料理人，コック」という意味もあります。

cook

② おどる

dance

③ スケートをする　　　　　　　　　スポーツの「スケート」は skating と言います。

skate

④ 泳ぐ

swim

⑤ 高くとぶ

jump high

⑥ 速く走る　　　　　　　　　　　　run は「走る」という意味です。

run fast

⑦ 上手に歌う　　　　　　　　　　　sing は「歌う」という意味です。

sing well

⑧ サッカーをする　　　　　　この play は「（スポーツを）する」という意味です。

play soccer

⑨ ピアノをひく　　　　　　　この play は「（楽器を）演奏する」という意味です。

play the piano

⑩ 一輪車に乗る

ride a unicycle

習ったことばに関する問題に答えましょう。

2はCDを聞いて，問題に答えましょう。

2 読まれた英語に合う絵を下のア～エから選んで，記号を書きましょう。 🎵**42**

1つ5点【20点】

① (　　　)　　② (　　　)　　③ (　　　)　　④ (　　　)

ア　　　　　　　イ　　　　　　　ウ　　　　　　　エ

3 絵に合う英語を右から選んで，線でつなぎましょう。 1つ6点【24点】

①　　　　　●　　　　　　　●　skate

②　　　　　●　　　　　　　●　jump high

③　　　　　●　　　　　　　●　play soccer

④　　　　　●　　　　　　　●　cook

4 絵に合うように，英語を4線の(　　)に書きましょう。[　]のアルファベットを使いましょう。 1つ8点【16点】

①　(　　　　　　　　　) the piano
　　[a, l, y, p]

②　(　　　　　　　　　) well
　　[i, g, n, s]

答え ▶ 89ページ

20 時間割は？

1 イラストを見ながら，CDに続いて英文を発音してみましょう。　【10点】 🎵43

What do you have on <u>Tuesdays</u>?

火曜日には何（の授業）がありますか。

I have <u>math</u>.

算数があります。

【解説】それぞれの曜日にどんな授業があるかたずねるときには，What do you have on 〜？（〜曜日には何〈の授業〉がありますか。）と言います。

2 ・①から順にCDを聞いて，発音を確認しましょう。

・声に出して読みながら，うすい文字をなぞりましょう。　　1つ10点【30点】

① What do you have on Tuesdays?

火曜日には何（の授業）がありますか。　　　➡曜日のうしろに s がつくと，「毎週〜曜日」の意味を表します。

② I have math.

算数があります。

③ I have English and music on Mondays.

月曜日には英語と音楽があります。　　　➡教科を 2 つ言うときは，and でつなげます。

3 CDを聞いて，それぞれの人が月曜日に勉強する教科を右の ◯◯◯ か **44**
ら選んで，記号で答えましょう。

1つ10点【30点】

①　Ami　（　　　）　　②　Lisa　（　　　）　　③　Sam　（　　　）

ア　理科
イ　音楽
ウ　体育

4 日本語の意味になるように，[　　　]内の単語をならべかえ，4線に英文
を書きましょう。

1つ10点【20点】

① 金曜日には何がありますか。

What [do / on / have / Fridays / you]?

➡ What もいっしょに書きましょう。

② 国語と算数があります。

[and / have / math / Japanese / I].

5 あなたのクラスで，木曜日にある教科を1つ伝える英文を，4線に書き
ましょう。

【10点】

I

答え ▶ 89ページ

ユニット3　表現

これできる?

1 イラストを見ながら，CDに続いて英文を発音してみましょう。　【10点】 **45** ♪

Can you play the piano?

あなたはピアノをひけますか。

Yes, I can.

はい，ひけます。

【解説】相手にできるかどうかをたずねるときは，Can you ～?（あなたは～できますか。）と言います。「はい。」と答えるときは，Yes, I can.と言います。

2 ・①から順にCDを聞いて，発音を確認しましょう。

・声に出して読みながら，うすい文字をなぞりましょう。　1つ10点【30点】

① Can you play the piano?

あなたはピアノをひけますか。

② Yes, I can.

はい，ひけます。　　➡ 「はい，できます。」と答えるときの言い方です。

③ No, I can't.

いいえ，ひけません。　➡ 「いいえ，できません。」と答えるときの言い方です。

習った表現に関する問題に答えましょう。

3はCDを聞いて，問題に答えましょう。

3 CDを聞いて，それぞれの人ができることを右の ⬜ から選んで，記号で答えましょう。
1つ10点【30点】

46 ♪

① Kenta （　　　）

② Ami （　　　）

③ Sam （　　　）

ア バスケットボール

イ 料理

ウ 歌うこと

4 日本語の意味になるように，[　　　]内の単語をならべかえ，4線に英文を書きましょう。
1つ10点【20点】

① あなたは速く走れますか。

[run / fast / can / you]?

② あなたは一輪車に乗れますか。

[unicycle / can / a / you / ride]?

5 下の質問に対するあなたの答えを，英語で書きましょう。
【10点】

Can you swim well?
（あなたは上手に泳げますか。）

答え ▶ 89ページ

22 人を紹介します。

月　　日
得点

点

1 イラストを見ながら，CDに続いて英文を発音してみましょう。　【10点】**47**

This is my <u>brother</u>. He can <u>swim fast</u>.

こちらはわたしの兄です。かれは速く泳げます。

【解説】「こちらはわたしの〜です。」と人を紹介するときは，This is my 〜. と言います。
He can 〜. は，「かれは〜できます。」という意味です。

2
・①から順にCDを聞いて，発音を確認しましょう。
・声に出して読みながら，うすい文字をなぞりましょう。　1つ10点【30点】

① This is my brother.

こちらはわたしの兄[弟]です。

② He can swim fast.

かれは速く泳げます。　➡ he は「かれは」という意味です。「かのじょは」なら she と言います。

③ I can't play soccer.

わたしはサッカーができません。　➡ can't は「〜できない」という意味です。

3 CDを聞いて，Kentaの家族ができることを右の 〔　　〕 から選んで，
記号で答えましょう。　　　　　　　　　　　　　　　1つ10点【30点】　**48**

Kenta
① father　　　　　（　　）
② sister　　　　　（　　）
③ grandmother　（　　）

ア ピアノの演奏
イ 水泳
ウ 野球

4 日本語の意味になるように，[　　]内の単語をならべかえ，4線に英文
を書きましょう。　　　　　　　　　　　　　　　　　1つ10点【20点】

① こちらはわたしの母です。

[my / is / mother / this].

② かのじょは上手に料理ができます。

[well / can / she / cook].

5 右のメモに合うように，Samのお兄さんができることを，4線に英語で
書きましょう。　　　　　　　　　　　　　　　　　　　　【10点】

This is my brother.

Sam

Samのお兄さん
・サッカーができる

答え ▶ 89ページ

1 CDで，それぞれの絵について，アとイの単語が読まれます。絵に合うほうを選んで，記号を〇で囲みましょう。

1つ5点【20点】

① （ ア　　イ ）

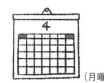

(月曜日)

② （ ア　　イ ）

③ （ ア　　イ ）

(朝)

④ （ ア　　イ ）

2 CDで読まれたほうの英語を選んで，4線に書きましょう。

1つ5点【10点】

①

Sunday　　　　Saturday

②

clock　　　　card

3 CDを聞いて，読まれた英語を4線の（　　　）に書きましょう。

1つ10点【20点】

① She can （　　　　　　） well.

② Can you （　　　　　　） a unicycle?

4 日本語を表す英語を右から選んで，線でつなぎましょう。　1つ5点【20点】

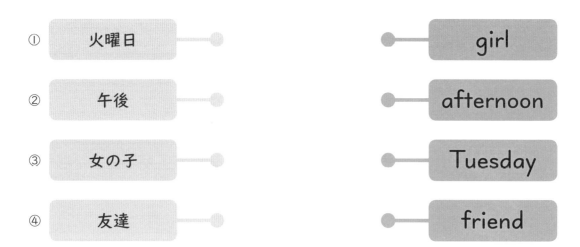

① 火曜日 ——— girl

② 午後 ——— afternoon

③ 女の子 ——— Tuesday

④ 友達 ——— friend

5 日本語の意味になるように，英語を4線の（　）に書きましょう。　1つ6点【12点】

① かれは速く走れます。

He （　　　　　）（　　　　　） fast.

② 月曜日には何(の授業)がありますか。

What do you （　　　　　） on Mondays?

6 日本語の意味になるように，[　]内の単語をならべかえ，4線に英文を書きましょう。　1つ9点【18点】

① わたしはピアノがひけます。

[piano / can / the / I / play].

② 英語と算数(の授業)があります。

[I / math / English / and / have].

答え ▶ 90ページ

24 動物

1 ・①から順にCDを聞いて，あとについて言ってみましょう。　【10点】🎵52

・声に出して読みながらなぞった後，数回書きましょう。　1つ3点【30点】

 ① ねこ
cat

 ② 犬
dog

 ③ ぶた
pig

 ④ 馬
horse

 ⑤ パンダ
panda

 ⑥ とら
tiger

 ⑦ うさぎ　　　　　　　　　　　　　　　　bは2つです。
rabbit

 ⑧ さる　　　　　　　　　　　　　　　　最初を強く読みます。
monkey

 ⑨ へび　　　　　　　　　　　このaは［エイ］と発音します。
snake

 ⑩ くも
spider

51

習った単語に関する問題に答えましょう。

2はCDを聞いて，問題に答えましょう。

2 それぞれの絵について，アとイの単語が読まれます。絵に合うほうを 選んで，記号を〇で囲みましょう。

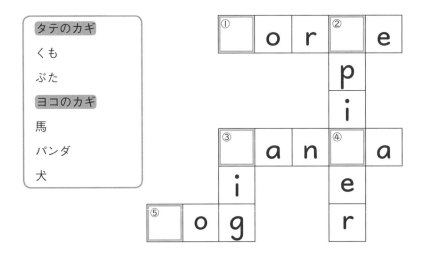

① （ ア　　イ ） 　　② （ ア　　イ ） 　　③ （ ア　　イ ）

1つ4点【12点】

53

3 ［タテのカギ］と ［ヨコのカギ］ をヒントに，□にアルファベットを書 いて，パズルを完成させましょう。

1つ4点【20点】

タテのカギ
くも
ぶた
ヨコのカギ
馬
パンダ
犬

① □ o r ② □ e
p
i
③ □ a n ④ □ a
i　　　　e
⑤ □ o g 　 r

4 絵の動物を表す単語を4線に書きましょう。[ ]のアルファベットを 使いましょう。

1つ7点【28点】

① _____ [a, c, t]

② _____ [k, m, n, e, o, y]

③ _____ [e, i, g, r, t]

④ _____ [a, b, i, b, r, t]

答え ▶ 90ページ

25 学校

1
・①から順にCDを聞いて，あとについて言ってみましょう。　【10点】**54**
・声に出して読みながらなぞった後，数回書きましょう。　1つ3点【30点】

 ① 地図

map

 ② 本　　　　　　　　　　　　　　　　　　　　　　　o は2つです。

book

 ③ つくえ

desk

 ④ ドア，戸　　　　　　　　　　　　　　　　　　　　o は2つです。

door

 ⑤ いす

chair

 ⑥ 定規
じょう ぎ

ruler

 ⑦ えんぴつ　　　　　　　　　　　　　　　　　最初を強く読みます。

pencil

 ⑧ 消しゴム

eraser

 ⑨ はさみ　　　　　　　　　　　　　　or のつづりに注意しましょう。

scissors

 ⑩ ノート　　　　　　　　note だけでは「メモ(書き)」という意味です。

notebook

習った単語に関する問題に答えましょう。

2はCDを聞いて，問題に答えましょう。

2 読まれた単語に合う絵を下のア～エから選んで，記号を書きましょう。

1つ4点【16点】

① (　　　　)　　② (　　　　)　　③ (　　　　)　　④ (　　　　)

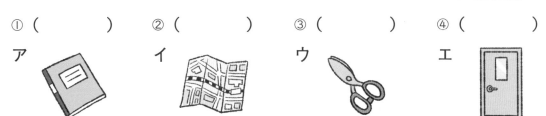

ア　　　　　　　　イ　　　　　　　　ウ　　　　　　　　エ

3 (例)にならって，①～④の絵に合う単語を縦，または横でさがして，
⬭で囲みましょう。

1つ5点【20点】

(例)

(かばん)

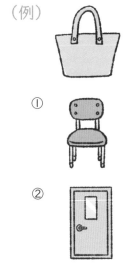

b	a	g	h	i	b	e	t
s	c	i	s	s	o	r	s
e	h	y	x	g	q	u	a
n	a	z	u	p	e	l	u
o	i	d	t	i	a	e	w
w	r	p	d	o	o	r	s

①

②

③

④

4 絵に合う単語を4線に書きましょう。

1つ6点【24点】

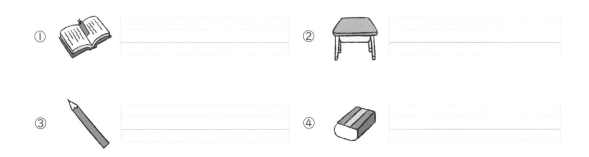

①　　　　　　　　　　　　　　　②

③　　　　　　　　　　　　　　　④

答え ▶ 91ページ

26 建物・しせつ

月　　　日
得点

点

1 ・①から順にCDを聞いて，あとについて言ってみましょう。　【10点】🎵 56

・声に出して読みながらなぞった後，数回書きましょう。　1つ3点【30点】

 ① 動物園　　　　　　　　　　　　　　　　　　　　　o は 2 つです。

zoo

 ② 公園

park

 ③ 学校　　　　　　　　　　　　　　　　　　　　　o は 2 つです。

school

 ④ 図書館

library

 ⑤ 病院　　　　　　　　　　　　　　　　　　　　最初を強く読みます。

hospital

 ⑥ 書店　　　　　　　　　　　　　　　　　　　　最初を強く読みます。

bookstore

 ⑦ レストラン　　　　　　　　　　　　　　　　つづりに注意しましょう。

restaurant

 ⑧ ゆう便局　　　　post（ゆう便）＋ office（事務所）でできた語です。

post office

 ⑨ スーパーマーケット　　　　　　　　「スーパー」だけでは通じません。

supermarket

 ⑩ デパート　　　　　　　　　　　　　「デパート」だけでは通じません。

department store

習った単語に関する問題に答えましょう。

2はCDを聞いて，問題に答えましょう。

2 読まれた英語に合う絵をアとイからそれぞれ選んで，記号を○で囲みましょう。

57

1つ4点【16点】

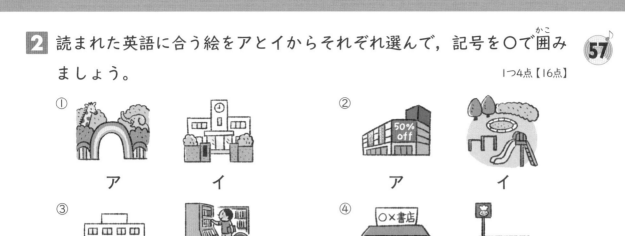

3 絵に合う英語を右から選んで，線でつなぎましょう。

1つ5点【20点】

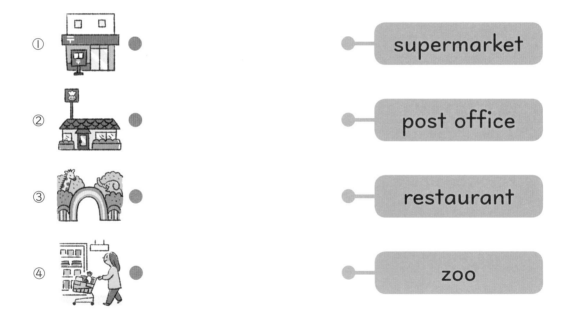

① ● ● supermarket

② ● ● post office

③ ● ● restaurant

④ ● ● zoo

4 日本語を英語にしましょう。

1つ6点【24点】

① 公園 〔　　　　　　　　〕　② 学校 〔　　　　　　　　〕

③ 病院 〔　　　　　　　　〕　④ 書店 〔　　　　　　　　〕

答え ▶ 91ページ

27 あの動物は好き？

1 イラストを見ながら，CDに続いて英文を発音してみましょう。　【10点】 **58**

【解説】相手にある動物が好きかどうかをたずねるときには，Do you like ～?（あなたは～が好きですか。）と言います。

2 ・①から順にCDを聞いて，発音を確認しましょう。

　　・声に出して読みながら，うすい文字をなぞりましょう。　　　1つ10点【30点】

① Do you like dogs?

あなたは犬が好きですか。　　　　　　　➡犬のように数えられるものには，dog → dogs のように s をつけます。

② Yes, I do. / No, I don't.

はい，好きです。／いいえ，好きではありません。　　　➡「はい」と「いいえ」の答え方です。

③ I like tigers.

わたしはとらが好きです。　　　　　　　➡好きなものを伝えるときの言い方です。

57

3 CDを聞いて，それぞれの人が好きな動物を右の ▢ から選んで，記号で答えましょう。 🎵**59**

1つ10点【30点】

① Sam （　　　）　② Kenta （　　　）　③ Lisa （　　　）

ア パンダ
イ うさぎ
ウ とら

4 日本語の意味になるように，[　　]内の単語をならべかえ，4線に英文を書きましょう。

1つ10点【20点】

① あなたは馬が好きですか。

[like / horses / you / do]?

② わたしはねこが好きです。

[cats / like / I].

5 下の質問に対するあなたの答えを，英語で書きましょう。 【10点】

Do you like snakes?
（あなたはへびが好きですか。）

答え ▶ 91ページ

28 ぼうしはどこ?

月　　　日
得点
点

1 イラストを見ながら，CDに続いて英文を発音してみましょう。　【10点】 **60**

> Where is <u>my cap</u>?
> わたしのぼうしはどこにありますか。

> It's on <u>the bed.</u>
> それはベッドの上にあります。

【解説】「〜はどこにありますか。」とたずねるときは，Where is 〜?と言います。答えるときは，on 〜(〜の上に)や by 〜(〜のそばに)などと場所を答えます。

2 ・①から順にCDを聞いて，発音を確認しましょう。
　・声に出して読みながら，うすい文字をなぞりましょう。　　　　1つ10点【30点】

① Where is my cap?

わたしのぼうしはどこにありますか。　　　　　➡ where は「どこ」という意味です。

② It's under the bed.

それはベッドの下にあります。　　　　　➡ under 〜は「〜の下に」という意味です。

③ It's in the box.

それは箱の中にあります。　　　　　➡ in 〜は「〜の中に」という意味です。

59

3 CDを聞いて，Lisaの持ち物がどこにあるか，右の □ から選んで，記号で答えましょう。

1つ10点【30点】

① 消しゴム 　（ 　 ）

② ノート 　（ 　 ）

③ かばん 　（ 　 ）

Lisa

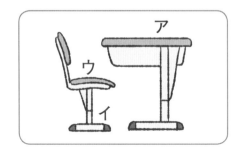

4 日本語の意味になるように，[　]内の単語をならべかえ，4線に英文を書きましょう。

1つ10点【20点】

① わたしの本はどこにありますか。

[my / book / is / where]?

② [①の答えとして]それはテーブルのそばにあります。

[it's / the / by / table].

5 下の質問に対する答えを，右のイラストに合うように英語で書きましょう。

【10点】

Where is my pencil?
（わたしのえんぴつはどこにありますか。）

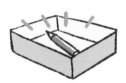

答え ▶ 91ページ

29 ゆう便局はどこ?

月　　　日
得点

点

1 イラストを見ながら，CDに続いて英文を発音してみましょう。　【10点】 🎵**62**

Where is **the post office**?
ゆう便局はどこですか。

Go straight and turn left.
まっすぐ行って，左に曲がってください。

【解説】 Where is ～? は，道をたずねるときにも使えます。「～」の部分に目的の場所を入れて言います。

2 ・①から順にCDを聞いて，発音を確認しましょう。

　・声に出して読みながら，うすい文字をなぞりましょう。　1つ10点【30点】

① Where is the post office?

ゆう便局はどこですか。

② Go straight and turn left.

まっすぐ行って，左に曲がってください。　　　➡「右に曲がって」なら turn <u>right</u> です。

③ Turn right at the first corner.

1つ目の角を右に曲がってください。　　　➡「2つ目の角」は，the second［セカンド］corner と言います。

61

習った表現に関する問題に答えましょう。
3 はCDを聞いて，問題に答えましょう。

3 CDを聞いて，それぞれのしせつの場所を右の地図から選んで，記号で答えましょう。

63

1つ10点【30点】

① 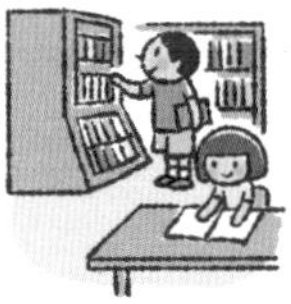
（　　）

② 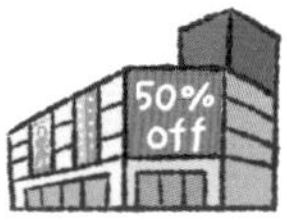

（　　）

③ 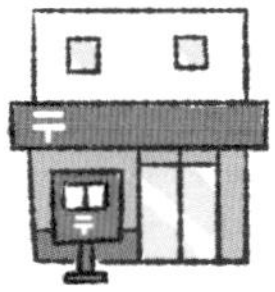
（　　）

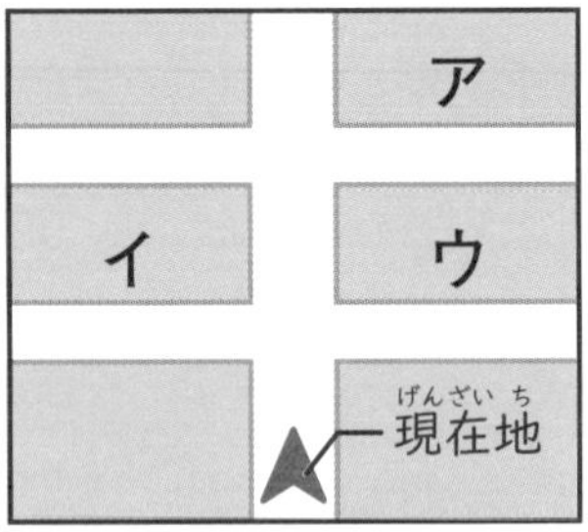

4 日本語の意味になるように，[　　]内の単語をならべかえ，4線に英文を書きましょう。

1つ10点【20点】

① 病院はどこですか。

[is / the / where / hospital]?

② まっすぐ行って，右に曲がってください。

[and / straight / right / turn / go].

5 地図を見ながら，公園への行き方を表す英文を書きましょう。

【10点】

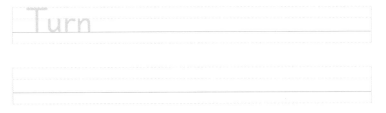

Turn

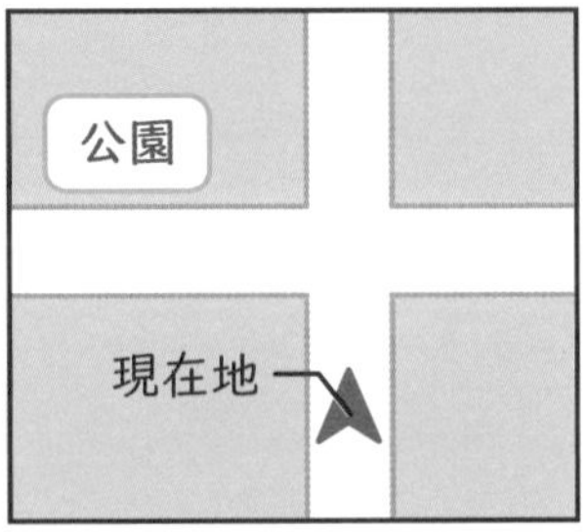

答え ▶ 92ページ

30 まとめテスト④

Name

月　日　**15**分

点

1 CDで，あるグループ名が日本語で読まれたあと，ア，イ，ウの3つ の単語が読まれます。この中から，グループの仲間でない単語を1つ 選んで，記号を○で囲みましょう。 1つ5点【20点】

①（ア　　イ　　ウ）　　　　②（ア　　イ　　ウ）

③（ア　　イ　　ウ）　　　　④（ア　　イ　　ウ）

2 CDで読まれたほうの英語を選んで，4線に書きましょう。

1つ5点【10点】

①

zoo　　　　　school

②

chair　　　　　book

3 CDでそれぞれの絵について，アとイの英文が読まれます。絵に合う ほうを選んで，記号を○で囲みましょう。 1つ10点【20点】

①（ア　　イ）　　　　②（ア　　イ）

63

4 日本語を英語にしましょう。[　　　]のアルファベットを使いましょう。

1つ6点【18点】

① 公園

[a, k, p, r]

② えんぴつ

[c, e, i, n, l, p]

③ ノート

[o, e, n, b, o, t, k, o]

5 日本語の意味になるように，英語を4線の(　　　)に書きましょう。1つ6点【12点】

① あなたはうさぎが好きですか。

Do you (　　　　　) rabbits?

② [①の答えとして] いいえ，好きではありません。

(　　　　　), I (　　　　　).

6 日本語の意味になるように，[　　　]内の単語をならべかえ，4線に書きましょう。

1つ10点【20点】

① 図書館はどこにありますか。

[the / library / where / is]?

② まっすぐ行って，左に曲がってください。

[turn / go / and / straight] left.

答え ▶ 92ページ

③1 食べ物・飲み物

月　　　日
得点

点

1
- ①から順にCDを聞いて，あとについて言ってみましょう。　【10点】🎵 **67**
- 声に出して読みながらなぞった後，数回書きましょう。　1つ3点【30点】

① ピザ　　　　　　　　　　　　　　　　　　　　　　　　　　zは2つです。

pizza

② サラダ　　　　　　　　　　　　　　　　日本語の発音とはちがうので，注意しましょう。

salad

③ サンドイッチ

sandwich

④ スパゲッティ

spaghetti

⑤ ハンバーガー　　　　　　　　　　　　　　　　　　　　　最初を強く読みます。

hamburger

⑥ フライドチキン

fried chicken

⑦ カレーライス　　　　　　　　　　　　　　　　　curryのrは2つです。

curry and rice

⑧ アイスクリーム　　　　　　　　　　　　　　　　　　2語で表します。

ice cream

⑨ こう茶

tea

⑩ 牛にゅう　　　　　　　　　　　　　　日本語の発音とはちがうので，注意しましょう。

milk

習った単語に関する問題に答えましょう。

2 はCDを聞いて，問題に答えましょう。

2 3つの単語が順番に読まれます。読まれた順番に，絵の下の（　　）に 68 ♪
数字を書きましょう。
1つ4点【12点】

　（　　　）

　（　　　）

　（　　　）

3 ［タテのカギ］と［ヨコのカギ］をヒントに，□にアルファベットを書
いて，パズルを完成させましょう。
1つ4点【24点】

タテのカギ
ピザ
サラダ
ヨコのカギ
サンドイッチ
牛にゅう
こう茶

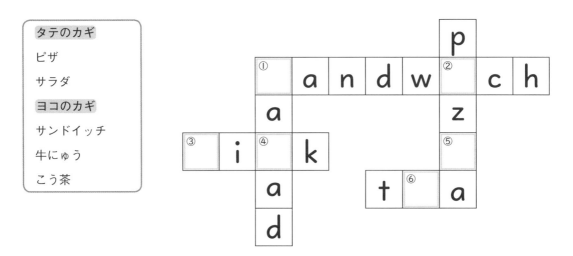

4 絵に合う単語を4線に書きましょう。
1つ6点【24点】

①

②

③

④

答え ▶ 93ページ

32 一日の生活

1
- ①から順にCDを聞いて，あとについて言ってみましょう。　【10点】 🎵**69**
- 声に出して読みながらなぞった後，数回書きましょう。　1つ3点【30点】

① 起きる

get up

② 歯をみがく　　　　　　　　　　　「1本の歯」は tooth [トゥース] と言います。

brush my teeth

③ 学校に行く

go to school

④ 宿題をする

do my homework

⑤ テレビを見る

watch TV

⑥ ふろに入る　　　　　　　　　bath の th の発音に注意しましょう。

take a bath

⑦ ねる

go to bed

⑧ 食器をあらう

wash the dishes

⑨ 新聞を取って来る

get the newspaper

⑩ 犬の散歩をする　　　　　　　　　この l は発音しません。

walk my dog

習ったことばに関する問題に答えましょう。

2はCDを聞いて，問題に答えましょう。

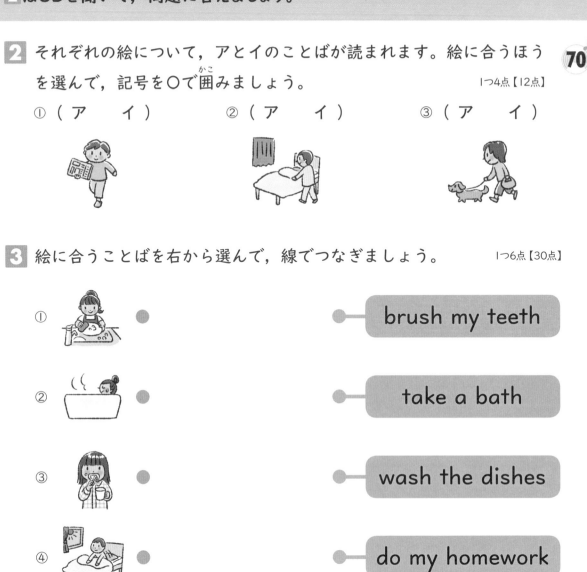

2 それぞれの絵について，アとイのことばが読まれます。絵に合うほう 🎵**70** を選んで，記号を〇で囲みましょう。　　　　　　　　1つ4点【12点】

① （ ア 　 イ ）　　　② （ ア 　 イ ）　　　③ （ ア 　 イ ）

3 絵に合うことばを右から選んで，線でつなぎましょう。　1つ6点【30点】

①　　　●　　　　　　　　　●　brush my teeth

②　　　●　　　　　　　　　●　take a bath

③　　　●　　　　　　　　　●　wash the dishes

④　　　●　　　　　　　　　●　do my homework

⑤　　　●　　　　　　　　　●　get up

4 日本語に合う英語を4線の（　　）に書きましょう。　1つ9点【18点】

① 学校に行く　go to （　　　　　　　）

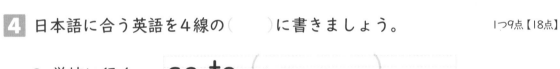

② テレビを見る　（　　　　　　　） TV

答え ▶ 93ページ

33 注文をお願いします。

月　日
得点　点

1 イラストを見ながら，CDに続いて英文を発音してみましょう。【10点】 71

【解説】What would you like? は，店員がお客さんに注文を取るときに使う表現です。このまま覚えましょう。I'd like ~, please. は「～をお願いします。」という意味です。

2 ・①から順にCDを聞いて，発音を確認しましょう。
・声に出して読みながら，うすい文字をなぞりましょう。　1つ10点【30点】

① What would you like?
(ご注文は)何になさいますか。

② I'd like a hamburger, please.
ハンバーガーを1つお願いします。
➡ please をつけないこともあります。

③ I'd like a salad, please.
サラダを1つお願いします。
➡かんたんに A salad, please. と言うこともできます。

習った表現に関する問題に答えましょう。

3はCDを聞いて，問題に答えましょう。

3 CDを聞いて，それぞれの人が注文する食べ物を右の〔 〕から選んで，記号で答えましょう。  **72**

1つ10点【30点】

① Sam （　　）　② Lisa （　　）　③ Kenta （　　）

ア カレーライス
イ フライドチキン
ウ アイスクリーム

4 日本語の意味になるように，[　　]内の単語をならべかえ，4線に英文を書きましょう。

1つ10点【20点】

① ［店員が］何になさいますか。

[would / what / like / you]?

② サラダを1つお願いします。

[salad / like / I'd / a], please.

➡ , please. もいっしょに書きましょう。

5 日本語の意味になるように，英文を4線に書きましょう。 【10点】

サンドイッチを1つお願いします。

答え ▶ 93ページ

③④ これはいくらですか?

1 イラストを見ながら，CDに続いて英文を発音してみましょう。　【10点】♪73

How much is **this bag**?

このかばんはいくらですか。

It's **500 yen**.

500円です。

【解説】もののねだんをたずねるときには，How much is ～? （～はいくらですか。）と言います。答えるときは It's ～. （～です。）の形でねだんを言います。

2 ・①から順にCDを聞いて，発音を確認しましょう。

・声に出して読みながら，うすい文字をなぞりましょう。　　　1つ10点【30点】

① How much is this bag?

このかばんはいくらですか。

② It's 500 yen.

500円です。　　　　　　　　　　　　　　　➡「500」は five hundred と読みます。

③ How much is it?

それはいくらですか。　　　　　　　　➡話しているものについて，ねだんをたずねる言い方です。

3 CDを聞いて，それぞれのもののねだんを，数字で（　）に書きましょう。 **74**

1つ10点【30点】

① （　　　）円　　②（　　　）円　　③（　　　）円

4 日本語の意味になるように，[　　]内の単語をならべかえ，4線に英文を書きましょう。

1つ10点【20点】

① （それは）いくらですか。

[it / is / how / much]?

② このTシャツはいくらですか。

[is / much / this / how / T-shirt]?

5 日本語の意味になるように，英文を4線に書きましょう。 【10点】

この消しゴムはいくらですか。

35 あなたの生活は？

月　　日
得点

点

1 イラストを見ながら，CDに続いて英文を発音してみましょう。　【10点】 **75**

I usually **walk my dog.**

ぼくはふだん犬の散歩をします。

【解説】usually はひん度を表して，「ふだん，たいてい」という意味です。その他，always（いつも），sometimes（ときどき）などもひん度を表します。

2 ・①から順にCDを聞いて，発音を確認しましょう。
・声に出して読みながら，うすい文字をなぞりましょう。　　　1つ10点【30点】

① I usually walk my dog.

わたしはふだん犬の散歩をします。

② I sometimes wash the dishes.

わたしはときどき食器をあらいます。

③ I always get up at 6:00.

わたしはいつも6時に起きます。　　　➡ at は時こくを表して「〜時に」という意味です。

3 CDを聞いて，それぞれの人がすることを ☐ から選んで，記号で
答えましょう。

1つ10点【30点】

76

① Kenta （　　　）　② Sam （　　　）　③ Ami （　　　）

ア テレビを見る
イ 新聞を取って来る
ウ 犬の散歩をする

4 日本語の意味になるように，[　　]内の単語をならべかえ，4線に英文
を書きましょう。

1つ10点【20点】

① わたしはふだん9時にねます。

I [usually / to / bed / at / go] 9:00.

➡ I や 9:00. もいっしょに書きましょう。

② わたしはときどき食器をあらいます。

[the / sometimes / dishes / wash / I].

5 日本語の意味になるように，英文を4線に書きましょう。　【10点】

わたしはいつも4時(4：00)に宿題をします。

答え ▶ 94ページ

ユニット5　表現

36 あこがれの人は?

月　日
得点
点

1 イラストを見ながら，CDに続いて英文を発音してみましょう。 【10点】 77

【解説】人の性格などを説明して,「かれは～です。」はHe is ～.と言います。「かのじょは～です。」なら，She is ～.です。「～」には性格などを表すことばがきます。

2 ・①から順にCDを聞いて，発音を確認しましょう。
・声に出して読みながら，うすい文字をなぞりましょう。 1つ10点【30点】

① My hero is my father.

わたしのあこがれの人は父です。

② He is strong.

かれは(力が)強いです。

➡ strong は「強い」という意味です。

③ She is very kind.

かのじょはとても親切です。

➡ very は「とても」，kind は「親切な」という意味です。

3 CDを聞いて，それぞれの人があこがれている人の性格を ☐ から **78**
選んで，記号で答えましょう。　　　　　　　　　　　　1つ10点【30点】

① Lisa　（　　　）　② Ami　（　　　）　③ Sam　（　　　）

ア kind（親切）

イ strong（強い）

ウ active（活動的）

4 日本語の意味になるように，[　]内の単語をならべかえ，4線に英文
を書きましょう。　　　　　　　　　　　　　　　　　1つ10点【20点】

① わたしのあこがれの人は兄です。

[is / my / my / hero / brother].

② かれはとても勇かん(brave)です。

[is / very / he / brave].

5 日本語の意味になるように，英文を4線に書きましょう。　　　【10点】

かのじょはとてもおもしろい(funny)です。

Name

月　日 **15**分

点

1 CDを聞いて，読まれた英語に合う絵をアとイからそれぞれ選んで，記号を○で囲みましょう。

1つ5点【20点】

①

ア　　　　イ

②

ア　　　　イ

③

ア　　　　イ

④

ア　　　　イ

2 CDで読まれたほうの英語を選んで，4線に書きましょう。

1つ5点【10点】 **80**

①

tea　　　　　pizza

②

go to school　　　go to bed

go to（　　　　　　）

3 CDの英語を聞いて，読まれた英語を4線の（　　）に書きましょう。①は数字で書きましょう。

1つ10点【20点】 **81**

① It's（　　　　　　）yen.

② I'd like a（　　　　　　　）, please.

4 日本語を表す英語を右から選んで，線でつなぎましょう。　1つ5点【20点】

① ときどき ●──● ●── ice cream

② いつも ●──● ●── sometimes

③ 牛にゅう ●──● ●── always

④ アイスクリーム ●──● ●── milk

5 日本語の意味になるように，英語を4線の（　　）に書きましょう。1つ6点【12点】

① ［注文をたずねて］何になさいますか。

$$What (\quad\quad\quad) you like?$$

② ［ねだんをたずねて］いくらですか。

$$How (\quad\quad\quad) is it?$$

6 日本語の意味になるように，［　］内の単語をならべかえ，4線に英文を書きましょう。　1つ9点【18点】

① かのじょはとても親切(kind)です。

［ is / kind / very / she ］.

② わたしはふだん6時に起きます。

［ up / at / get / usually / I ］ 6:00.

答え ▶ 95ページ

1 CDで，それぞれの絵について，アとイの単語が読まれます。絵に合うほうを選んで，記号を〇で囲みましょう。

1つ6点【24点】

① （ ア　　イ ）

② （ ア　　イ ）

③ （ ア　　イ ）

④ （ ア　　イ ）

2 CDで読まれたほうの英語を選んで，4線に書きましょう。

1つ6点【12点】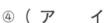

①

3月　　　　　4月

March　　　　April

②

skiing　　　swimming

3 CDを聞いて，読まれた英語を4線の（　　）に書きましょう。

1つ7点【14点】

① （　　　　　　　） is my grandfather.

② （　　　　　　　） is the zoo?

4 次の日本語を英語にしましょう。[ ]のアルファベットを使いましょう。

1つ6点【18点】

① うで時計 _____

[a, c, h, t, w]

② 音楽 _____

[c, i, m, s, u]

③ 家族 _____

[a, f, i, l, m, y]

5 日本語の意味になるように，英語を4線の（　　　）に書きましょう。 1つ7点【14点】

① ［注文で］ハンバーガーを1つお願いします。

I'd（　　　　　　　）a hamburger, please.

② わたしはじゅう医師になりたいです。

I want to（　　　　　　）a vet.

6 下のメモに合うように，Samを紹介する文を4線に英語で書きましょう。

1つ9点【18点】

① 活動的（active）だ
② テニスができる

This is Sam.

① He

②

答え ▶ 95ページ

39 総まとめテスト②

1 CDで，あるグループ名が日本語で読まれたあと，ア，イ，ウの3つ の単語が読まれます。この中から，グループの仲間でない単語を1つ 選んで，記号を○で囲みましょう。

85

1つ6点【24点】

① （ ア　　イ　　ウ ）　　　② （ ア　　イ　　ウ ）

③ （ ア　　イ　　ウ ）　　　④ （ ア　　イ　　ウ ）

2 CDで読まれたほうの英語を選んで，4線に書きましょう。

86

1つ6点【12点】

①　pencil　　　table

②　get up　　　watch TV

3 CDでそれぞれの絵について，アとイの英文が読まれます。絵に合う ほうを選んで，記号を○で囲みましょう。

87

1つ7点【14点】

① （ ア　　イ ）　　② （ ア　　イ ）

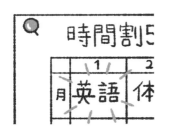

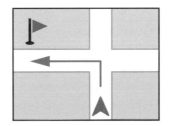

4 日本語を表す英語を右から選んで，線でつなぎましょう。 　1つ5点【20点】

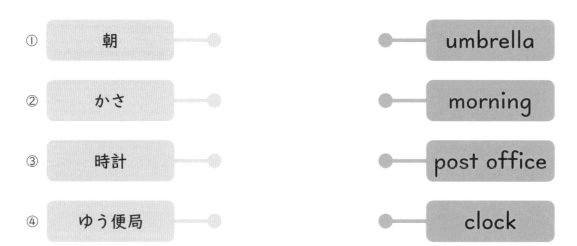

①	朝	— ●	● —	umbrella
②	かさ	— ●	● —	morning
③	時計	— ●	● —	post office
④	ゆう便局	— ●	● —	clock

5 日本語の意味になるように，[　]内の単語をならべかえ，4線に英文を書きましょう。 　1つ7点【14点】

① このぼうしはいくらですか。

[is / much / how / cap / this]?

② わたしはふだん9時にねます。

I [at / to / go / bed / usually] 9:00.

6 自分自身のことについて，次の内容を伝える英文を4線に書きましょう。 　1つ8点【16点】

① あなたの好きな動物

② あなたの誕生日

答え ▶ 95ページ

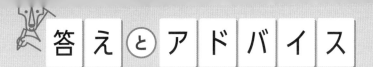

答えとアドバイス

▶まちがえた問題は，もう一度やり直しましょう。
▶ **⊘アドバイス** を読んで，参考にしてください。

---

1 アルファベット・大文字　5~6ページ

2 ① G ② T ③ A ④ V

3 ① J E O ② I R N

4 ① A B C D ② I J K L
　③ P Q R S ④ W X Y Z

5 ① E F G H I
　② L M N O P
　③ S T U V W

⊘アドバイス

2 ④BとVはまちがえやすいので，特に注意しましょう。

3 4線に大文字を書くときは，上の3本の線の間に書きます。

---

2 アルファベット・小文字　7~8ページ

2 ① l e r ② g b z ③ j a k

3 ① b o n x ② c d p u

4 ① c d e f ② i j k l
　③ r s t u

5
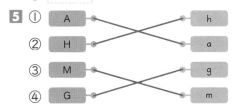

6 ① s b y ② t w q

⊘アドバイス

3 4 小文字は，アルファベットによって書く位置がちがいます。それぞれ正しい位置に書くように注意しましょう。

4 ②のiとjは上の点をわすれないようにしましょう。

5 Aとa，Gとgのように大文字と小文字の形がちがうものに注意しましょう。

---

3 月・季節　9~10ページ

2 ① ア ② ア ③ イ ④ ア

3 ① February ② April
　③ September

4 ① spring ② winter
　③ summer ④ July
　⑤ December

CD で読まれた英語

2 ① March（3月） ② June（6月）
　③ August（8月） ④ January（1月）

⊘アドバイス

3 月の名は，最初の文字を大文字で書くことに注意しましょう。

---

4 スポーツ　11~12ページ

2 ① ウ ② エ ③ イ ④ ア

3
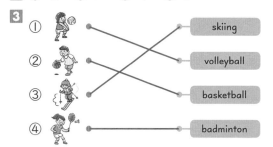

4 ① tennis （テニス）
　② swimming （水泳）
　③ soccer （サッカー）
　④ baseball （野球）

CD で読まれた英語

2 ① baseball（野球）
　② dodgeball（ドッジボール）
　③ soccer（サッカー）
　④ table tennis（卓球）

---

5 わたしは～です。
13～14ページ

3 左から 2，3，1

4 ① My name is Jun.

② How do you spell your name?

5 Hello. I'm Ami.

CD で読まれた英語

3 Hello. I'm Lisa.

（こんにちは。わたしはリサです。）

Hi, my name is Kenta.

（やあ，ぼくの名前は健太です。）

Hi, I'm Sam. Nice to meet you.

（やあ，ぼくはサムです。はじめまして。）

✐アドバイス

3 Nice to meet you.（はじめまして。）は初対面のあいさつです。

5 自己紹介の表現です。Hi. My name is Ami. と答えてもよいです。

6 好きなスポーツは？
15～16ページ

3 ① ウ ② ア ③ イ

4 ① What animal do you like?

② I like swimming.

5 （例）I like baseball.

CD で読まれた英語

3 ① Hi, I'm Kenta. I like badminton.

（やあ，ぼくは健太です。ぼくはバドミントンが好きです。）

② Hello. I'm Ami. I like basketball.

（こんにちは。わたしは亜美です。わたしはバスケットボールが好きです。）

③ I'm Lisa. I like volleyball.

（わたしはリサです。わたしはバレーボールが好きです。）

✐アドバイス

5 自分の好きなスポーツを答えます。（例）は「わたしは野球が好きです。」という意味です。

7 誕生日はいつ？
17～18ページ

3 ① イ ② ア ③ ウ

4 ① When is your birthday?

② My birthday is February 9th.

5 （例）My birthday is June 28th.

CD で読まれた英語

3 ① My birthday is June 25th.

（ぼくの誕生日は6月25日です。）

② My birthday is March 3rd.

（ぼくの誕生日は3月3日です。）

③ My birthday is September 18th.

（わたしの誕生日は9月18日です。）

✐アドバイス

4 ① 相手の誕生日をたずねる言い方です。このまま覚えましょう。

5 誕生日を伝えるときは，〈月→日〉の順で言います。「日」は順番を表す数を使います。4日(4th)以降は，ふつうの数のあとに th をつけて表します。1日，2日，3日はそれぞれ，1st（first），2nd（second），3rd（third）のような特別な言い方をします。

8 まとめテスト①
19～20ページ

1 ① イ ② ア ③ ウ ④ ア

2 ① December

② baseball

3 ① ア ② イ

4 ①
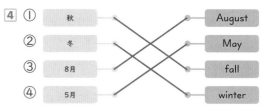

5 ① What sport do you like?

② When is your birthday?

6 ① （例）I'm Misaki.

② （例）My birthday is April 15th.

1 ① 月　ア February（2月）
　　　　イ volleyball（バレーボール）
　　　　ウ October（10月）
② 月　ア badminton（バドミントン）
　　　　イ April（4月）
　　　　ウ March（3月）
③ 季節　ア spring（春）
　　　　　イ summer（夏）
　　　　　ウ swimming（水泳）
④ スポーツ　ア January（1月）
　　　　　　イ soccer（サッカー）
　　　　　　ウ tennis（テニス）

2 ① December（12月）
② baseball（野球）

3 ① ア I like table tennis.
　　　（わたしは卓球が好きです。）
　　イ I like skiing.
　　　（わたしはスキーが好きです。）
② ア My birthday is June 10th.
　　　（わたしの誕生日は6月10日です。）
　　イ My birthday is July 10th.
　　　（わたしの誕生日は7月10日です。）

アドバイス

5 ① what は「何（の）」という意味です。すぐあとに sport（スポーツ）を続けることに注意しましょう。
② when は「いつ」という意味です。

6 ① I'm は「わたしは〜です」という意味で，あとに名前を続けます。My name is 〜.（わたしの名前は〜です。）の文を使うこともできます。
② 自分の誕生日を英語で言えるようになりましょう。My birthday is（わたしの誕生日は〜です）のあとに，誕生日の日付を続けます。誕生日は〈月→日〉の順で言います。「月」は最初の文字を大文字で書くことに注意しましょう。

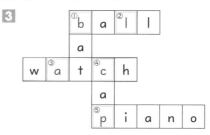

9 身の回りのもの①　21〜22ページ

2 ① ア　② イ　③ ア

3

		①b	a	l	l	
		a				
③w	a	t	④c	h		
			a			
			⑤p	i	a	n	o

［タテ］bat（バット），cap（ぼうし）
［ヨコ］ball（ボール），watch（うで時計），
　　　　piano（ピアノ）

4 ① bag（かばん）
② racket（ラケット）
③ T-shirt（Tシャツ）
④ umbrella（かさ）

2 ① ア bag（かばん）
　　イ bat（バット）
② ア ball（ボール）
　　イ T-shirt（Tシャツ）
③ ア computer（コンピューター）
　　イ racket（ラケット）

アドバイス

4 ③ T-shirt（Tシャツ）の T はいつも大文字で書きます。

10 教科　23〜24ページ

2 ① ア　② ウ　③ イ　④ エ

3

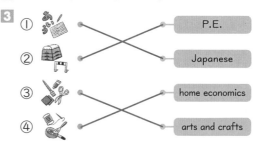

① — Japanese
② — P.E.
③ — arts and crafts
④ — home economics

4 ① math　② English
③ music　④ science

2 ① social studies（社会）

② music（音楽）

③ calligraphy（書写）

④ arts and crafts（図画工作）

⑪ 職業　　　　　　　　25~26ページ

2 左から3，2，1

3

b	a	g	h	i	b	e	t
a	b	c	f	g	o	v	k
d	a	f	a	r	m	e	r
e	k	j	k	s	a	t	l
s	e	t	p	i	x	t	o
p	r	p	i	l	o	t	r

① baker（パン職人）

② vet（じゅう医師）

③ pilot（パイロット）

④ farmer（農場経営者）

4 ① singer（歌手）

② florist（生花店の店主）

③ teacher（教師）

2 doctor（医師）

astronaut（宇宙飛行士）

soccer player（サッカー選手）

⑫ ほしいものは？　　　　27~28ページ

3 ① ウ　② ア　③ イ

4 ① What do you want for your birthday?

② I want a new watch.

5 I want a soccer ball.

3 ① Hi, I'm Sam. I want a computer.

（やあ，ぼくはサムです。ぼくはコンピューターがほしいです。）

② Hello. I'm Lisa. I want a new bag.

（こんにちは。わたしはリサです。わたしは新しいかばんがほしいです。）

③ Hi, I'm Ami. I want a tennis racket.

（やあ，わたしは亜美です。わたしはテニスラケットがほしいです。）

アドバイス

4 ① what は「何」という意味で，文の最初に置きます。

②「新しいうで時計」は a new watch です。a を new の前につけることに注意しましょう。

⑬ 勉強したい教科は？　　　29~30ページ

3 ① ウ　② ア　③ イ

4 ① What do you want to study?

② I want to study English.

5 I want to study math.

3 ① What do you want to study, Kenta?

— I want to study science.

（あなたは何を勉強したいですか，健太。—ぼくは理科を勉強したいです。）

② What do you want to study, Lisa?

— I want to study social studies.

（あなたは何を勉強したいですか，リサ。—わたしは社会を勉強したいです。）

③ What do you want to study, Sam?

— I want to study Japanese.

（あなたは何を勉強したいですか，サム。—ぼくは国語を勉強したいです。）

アドバイス

4 ① what は「何」という意味で，文の最初に置きます。「～したい」は want to ～で表します。to のあとに「勉強する」という意味の study を続けます。

② English の E はいつも大文字で書きます。また，Japanese（国語）も同じように，いつも J は大文字で書くことにも注意しましょう。

3 ① ウ ② イ ③ ア

4 ① What do you want to be?

② I want to be a teacher.

5 （例） I want to be a florist.

CD で読まれた英語

3 ① Sam, what do you want to be?

— I want to be a vet.

（サム，あなたは何になりたいですか。

―ぼくはじゅう医さんになりたいです。）

② What do you want to be, Ami?

— I want to be a singer.

（あなたは何になりたいですか，亜美。

— わたしは歌手になりたいです。）

③ Kenta, what do you want to be?

— I want to be a soccer player.

（健太，あなたは何になりたいですか。

―ぼくはサッカー選手になりたいです。）

アドバイス

3 ③ player は「選手」という意味です。baseball player なら「野球選手」，tennis player なら「テニス選手」という意味です。

4 ① 相手のなりたい職業をたずねる言い方です。このまま覚えましょう。

5 I want to be （わたしは〜になりたいです）のあとに，自分のなりたい職業を続けます。（例）の文は，「わたしは花屋さんになりたいです。」という意味です。

また，astronaut（宇宙飛行士）や artist［アーティスト］（芸術家）のように，母音（ア，イ，ウ，エ，オに似た音）で始まる語の前には，a ではなく an をつけるので，注意しましょう。

1 ① イ ② イ ③ ア ④ ア

2 ① music

② singer

3 ① What do you want for your birthday?

② What do you want to study?

4 ① watch

② science

③ umbrella

5 ① I want a new bag.

② What do you want to be?

6 ① （例） I want to be a teacher.

② （例） I want to study science.

CD で読まれた英語

1 ① cap （ぼうし）

② ball （ボール）

③ baker （パン職人）

④ florist （生花店の店主）

2 ① music （音楽）

② singer （歌手）

3 ① What do you want for your birthday?

（あなたは誕生日に何がほしいですか。）

② What do you want to study?

（あなたは何を勉強したいですか。）

アドバイス

5 ①「わたしは〜がほしいです。」は I want 〜. と言います。「新しいかばん」は a new bag の順で言います。

6 want to 〜は「〜したい」という意味で，① want to be 〜 は「〜になりたい」，② want to study 〜 は「〜を勉強したい」という意味になります。（例）の文は，①「わたしは教師になりたいです。」，②「わたしは理科を勉強したいです。」という意味です。

16 身の回りのもの② 〔35~36ページ〕

2 ① イ ② ア ③ ア ④ イ

3

b	a	g	h	j	q	e	t
k	a	r	d	c	a	f	c
e	h	a	t	l	s	b	e
l	i	c	n	o	y	o	a
o	a	s	m	c	e	x	w
p	e	n	v	k	t	i	s

① hat（ぼうし）

② box（箱）

③ clock（時計）

④ pen（ペン）

4 ① bed（ベッド）

② cup（カップ，茶わん）

③ card（カード）

④ table（テーブル）

CD で読まれた英語

2 ① TV（テレビ）

② box（箱）

③ table（テーブル）

④ calendar（カレンダー）

アドバイス

3 ① hat は麦わらぼうしのような周りにふちのあるものを，cap はふちのないものを指します。

③ clock はかべにかけたり，置いたりして使う時計を指します。「うで時計」は watch と言います。

17 曜日・時間帯 〔37~38ページ〕

2 ① ア ② イ ③ ア ④ イ

3 ① Monday

② Wednesday

③ Friday

④ Saturday

4 ① morning（朝，午前）

② evening（夕方，晩）

③ afternoon（午後）

CD で読まれた英語

2 ① Sunday（日曜日）

② Thursday（木曜日）

③ Tuesday（火曜日）

④ afternoon（午後）

アドバイス

3 曜日は最初の文字を大文字で書くことに注意しましょう。② Wednesday の d をわすれないようにしましょう。

18 家族・人 〔39~40ページ〕

2 ① エ ② ア ③ ウ ④ イ

3

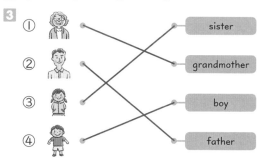

4 ① girl

② mother

③ brother

④ friend

CD で読まれた英語

2 ① family（家族）

② boy（男の子）

③ grandfather（祖父）

④ mother（母）

アドバイス

4 家族・人を表す単語は，boy（男の子）－ girl（女の子），father（父）－ mother（母），brother（兄，弟）－ sister（姉，妹）のように男女で対にして覚えましょう。

④ friend の i をわすれないようにしましょう。

⑲ 動作　41~42ページ

2 ① エ　② ア　③ ウ　④ イ

3

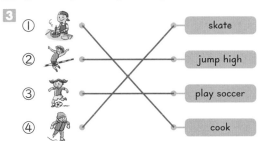

①	skate
②	jump high
③	play soccer
④	cook

4 ① play the piano （ピアノをひく）
　② sing well （上手に歌う）

CD で読まれた英語

2 ① dance （おどる）
　② swim （泳ぐ）
　③ ride a unicycle （一輪車に乗る）
　④ run fast （速く走る）

⑳ 時間割は？　43~44ページ

3 ① イ　② ウ　③ ア

4 ① What do you have on Fridays?
　② I have Japanese and math.

5 （例） I have English on Thursdays.

CD で読まれた英語

3 ① What do you have on Mondays, Ami?
　　— I have music.
　　（月曜日には何がありますか，亜美。
　　—音楽があります。）
　② What do you have on Mondays, Lisa?
　　— I have P.E.
　　（月曜日には何がありますか，リサ。
　　—体育があります。）
　③ What do you have on Mondays, Sam?
　　— I have science.
　　（月曜日には何がありますか，サム。
　　—理科があります。）

アドバイス

5 あなたの木曜日の時間割を思い出して，I

have（わたしは〜があります）に続けて，教科名を書きましょう。

㉑ これできる？　45~46ページ

3 ① イ　② ア　③ ウ

4 ① Can you run fast?
　② Can you ride a unicycle?

5 Yes, I can. ／ No, I can't.

CD で読まれた英語

3 ① Kenta, can you cook well?
　　— Yes, I can.
　　（健太，あなたは料理が上手にできますか。—はい，できます。）
　② Ami, can you play basketball?
　　— Yes, I can.
　　（亜美，あなたはバスケットボールができますか。—はい，できます。）
　③ Can you sing well, Sam?
　　— Yes, I can.
　　（あなたは上手に歌えますか，サム。—はい，歌えます。）

アドバイス

5 Can you 〜？（あなたは〜できますか。）という質問に答えるとき，「はい，できます。」なら Yes, I can. と，「いいえ，できません。」なら No, I can't. と言います。

㉒ 人を紹介します。　47~48ページ

3 ① ウ　② ア　③ イ

4 ① This is my mother.
　② She can cook well.

5 He can play soccer.

CD で読まれた英語

3 ① This is my father. He can play baseball.
　　（こちらはぼくの父です。かれは野球ができます。）

② This is my sister. She can play the piano.

（こちらはぼくの姉[妹]です。かのじょはピアノをひけます。）

③ This is my grandmother. She can swim well.

（こちらはぼくの祖母（そぼ）です。かのじょは上手に泳げます。）

❷アドバイス

5 メモには「サッカーができる」と書いてあります。「Sam のお兄さん」は男性（だんせい）なので，He（かれ）で文を始めて「かれはサッカーができます。」という文を作ります。

23 まとめテスト③ 49~50ページ

1 ① ア ② イ ③ ア ④ ア

2 ① Sunday
　② clock

3 ① She can sing well.
　② Can you ride a unicycle?

4 ①
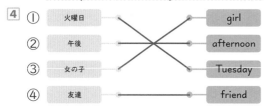

① 火曜日	girl
② 午後	afternoon
③ 女の子	Tuesday
④ 友達	friend

5 ① He can run fast.
　② What do you have on Mondays?

6 ① I can play the piano.
　② I have English and math.

CD で読まれた英語

1 ① ア Monday（月曜日）
　　イ Friday（金曜日）
　② ア father（父）
　　イ mother（母）
　③ ア morning（朝，午前）
　　イ evening（夕方，晩（ばん））
　④ ア bed（ベッド）
　　イ pen（ペン）

2 ① Sunday（日曜日）
　② clock（時計）

3 ① She can sing well.
　　（かのじょは上手に歌えます。）
　② Can you ride a unicycle?
　　（あなたは一輪車に乗れますか。）

❷アドバイス

5 ① 「速く走れる」は can run fast です。
　② 「（授業が）ある」は have です。「月曜日に」という意味を表す on Mondays も覚えておきましょう。

6 ② 2 つの教科をならべて言うときは，English and math のように and を使います。

24 動物 51~52ページ

2 ① ア ② イ ③ イ

3
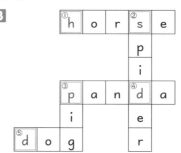

[タテ] spider（くも），pig（ぶた）
[ヨコ] horse（馬），panda（パンダ），
　　　 dog（犬）

4 ① cat（ねこ）
　② monkey（さる）
　③ tiger（とら）
　④ rabbit（うさぎ）

CD で読まれた英語

2 ① ア dog（犬）
　　イ cat（ねこ）
　② ア spider（くも）
　　イ tiger（とら）
　③ ア horse（馬）
　　イ snake（へび）

25 学校

53~54ページ

2 ① ア ② ウ ③ エ ④ イ

3

① chair（いす）

② door（ドア，戸）

③ ruler（定規）

④ scissors（はさみ）

4 ① book （本）

② desk （つくえ）

③ pencil （えんぴつ）

④ eraser （消しゴム）

CD で読まれた英語

2 ① notebook（ノート）

② scissors（はさみ）

③ door（ドア）

④ map（地図）

26 建物・しせつ

55~56ページ

2 ① ア ② ア ③ イ ④ イ

3
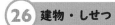

① — supermarket

② — post office

③ — restaurant

④ — zoo

4 ① park

② school

③ hospital

④ bookstore

CD で読まれた英語

2 ① zoo（動物園）

② department store（デパート）

③ library（図書館）

④ restaurant（レストラン）

27 あの動物は好き？

57~58ページ

3 ① イ ② ア ③ ウ

4 ① Do you like horses?

② I like cats.

5 Yes, I do. ／

No, I don't.

CD で読まれた英語

3 ① Sam, do you like rabbits?

— Yes, I do. I like rabbits.

（サム，あなたはうさぎが好きですか。

—はい。ぼくはうさぎが好きです。）

② Do you like pandas, Kenta?

— Yes, I do. I like pandas.

（あなたはパンダが好きですか，健太。

—はい。ぼくはパンダが好きです。）

③ Do you like pandas, Lisa?

— No, I don't. I like tigers.

（あなたはパンダが好きですか，リサ。

—いいえ。わたしはとらが好きです。）

アドバイス

5 Do you like ～?（あなたは～が好きです
か。）に対して，「はい」と答えるときは
Yes, I do. と，「いいえ」と答えるときは
No, I don't. と言います。

28 ぼうしはどこ？

59~60ページ

3 ① ア ② ウ ③ イ

4 ① Where is my book?

② It's by the table.

5 It's in the box.

3 ① Where is my eraser?

— It's on the desk, Lisa.

（わたしの消しゴムはどこにあります
か。—それはつくえの上にありますよ，
リサ。）

② Where is my notebook?

— It's on the chair.

（わたしのノートはどこにありますか。
—それはいすの上にあります。）

③ Where is my bag?

— It's under the chair.

（わたしのかばんはどこにありますか。
—それはいすの下にあります。）

アドバイス

5 えんぴつは箱の中にあるので，It's in
the box. （それは箱の中にあります。）の
ように答えます。

29 ゆう便局はどこ?　61~62 ページ

3 ① ウ　② ア　③ イ

4 ① Where is the hospital?

② Go straight and turn right.

5 Turn left at the first corner.

CD で読まれた英語

3 ① Excuse me. Where is the library?

— Go straight and turn right at the
first corner.

（すみません。図書館はどこですか。
—まっすぐ行って，1つ目の角を右に
曲がってください。）

② Where is the department store?

— Go straight and turn right at the
second corner.

（デパートはどこですか。—まっすぐ
行って，2つ目の角を右に曲がってく
ださい。）

③ Where is the post office?

— Go straight and turn left at the
first corner.

（ゆう便局はどこですか。—まっすぐ
行って，1つ目の角を左に曲がってく
ださい。）

アドバイス

5 英文は「1つ目の角を左に曲がってくだ
さい。」という意味です。Turn left at the
corner. （その角を左に曲がってくださ
い。）と答えても正解です。

30 まとめテスト④　63~64 ページ

1 ① ウ　② イ　③ ア　④ ウ

2 ① school

② chair

3 ① イ　② ア

4 ① park

② pencil

③ notebook

5 ① Do you like rabbits?

② No, I don't.

6 ① Where is the library?

② Go straight and turn left.

CD で読まれた英語

1 ① 動物　ア horse （馬）

イ monkey （さる）

ウ scissors （はさみ）

② 動物　ア pig （ぶた）

イ book （本）

ウ dog （犬）

③ 文ぼう具　ア tiger （とら）

イ eraser （消しゴム）

ウ ruler （定規）

④ 建物　ア hospital （病院）

イ bookstore （書店）

ウ door （ドア）

2 ① school （学校）

② chair （いす）

③ ① ア Do you like spiders?

— Yes, I do.

（あなたはくもが好きですか。—はい，好きです。）

イ Do you like spiders?

— No, I don't.

（あなたはくもが好きですか。—いいえ，好きではありません。）

② ア Where is my book?

— It's on the desk.

（わたしの本はどこにありますか。—それはつくえの上にあります。）

イ Where is my book?

— It's under the desk.

（わたしの本はどこにありますか。—それはつくえの下にあります。）

アドバイス

⑤ ①「あなたは〜が好きですか。」のようにたずねるときは，Do you like 〜? と言います。rabbit（うさぎ）のように数えられるものには rabbits のように s をつけます。

② Do you like 〜? に「いいえ」と答えるときは，No, I don't. と言います。

---

31 食べ物・飲み物 65~66 ページ

② 左から3，2，1

③

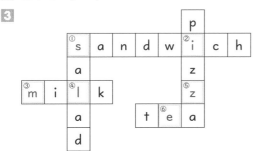

［タテ］pizza（ピザ），

salad（サラダ）

［ヨコ］sandwich（サンドイッチ），

milk（牛にゅう），tea（こう茶）

---

④ ① pizza （ピザ）

② hamburger （ハンバーガー）

③ ice cream （アイスクリーム）

④ milk （牛にゅう）

CD で読まれた英語

② fried chicken （フライドチキン）

curry and rice （カレーライス）

spaghetti （スパゲッティ）

---

32 一日の生活 67~68 ページ

② ① イ ② ア ③ イ

③

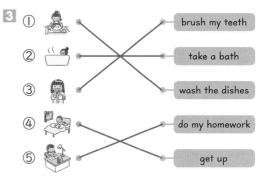

④ ① go to school

② watch TV

CD で読まれた英語

② ① ア get up （起きる）

イ get the newspaper

（新聞を取って来る）

② ア go to bed （ねる）

イ do my homework （宿題をする）

③ ア wash the dishes （食器をあらう）

イ walk my dog （犬の散歩をする）

---

33 注文をお願いします。 69~70 ページ

③ ① イ ② ウ ③ ア

④ ① What would you like?

② I'd like a salad, please.

⑤ I'd like a sandwich, please.

3 ① What would you like?

— I'd like fried chicken, please.

(何になさいますか。—フライドチキンをお願いします。)

② What would you like?

— I'd like ice cream, please.

(何になさいますか。—アイスクリームをお願いします。)

③ What would you like?

— I'd like curry and rice, please.

(何になさいますか。—カレーライスをお願いします。)

アドバイス

5 please. はなくても正解です。また、かんたんに A sandwich, please. と言うこともできます。

34 これはいくらですか? 71~72 ページ

3 ① 200 （円） ② 380 （円）

③ 750 （円）

4 ① How much is it?

② How much is this T-shirt?

5 How much is this eraser?

CD で読まれた英語

3 ① How much is this notebook?

— It's 200 yen.

(このノートはいくらですか。—200円です。)

② How much is this cup?

— It's 380 yen.

(このカップはいくらですか。—380円です。)

③ How much is this cap?

— It's 750 yen.

(このぼうしはいくらですか。—750円です。)

35 あなたの生活は? 73~74 ページ

3 ① ア ② ウ ③ イ

4 ① I usually go to bed at 9:00.

② I sometimes wash the dishes.

5 I always do my homework at 4:00.

CD で読まれた英語

3 ① Hi, I'm Kenta. I usually watch TV at eight.

(やあ、ぼくは健太です。ぼくはふだん8時にテレビを見ます。)

② Hello. I'm Sam. I usually walk my dog at six.

(こんにちは。ぼくはサムです。ぼくはふだん6時に犬の散歩をします。)

③ Hi, I'm Ami. I usually get the newspaper at six.

(やあ、わたしは亜美です。わたしはふだん6時に新聞を取ってきます。)

36 あこがれの人は? 75~76 ページ

3 ① イ ② ウ ③ ア

4 ① My hero is my brother.

② He is very brave.

5 She is very funny.

CD で読まれた英語

3 ① Hi, I'm Lisa. My hero is my grandfather. He is strong.

(やあ、わたしはリサです。わたしのあこがれの人は祖父です。かれは強いです。)

② Hi, I'm Ami. My hero is my sister. She is active.

(やあ、わたしは亜美です。わたしのあこがれの人は姉です。かのじょは活動的です。)

③ Hi, I'm Sam. My hero is my mother. She is kind.

(やあ、ぼくはサムです。ぼくのあこがれの人は母です。かのじょは親切です。)

37 まとめテスト⑤ 77~78 ページ

1 ① イ ② ア ③ イ ④ ア

2 ① tea

② go to bed

3 ① It's 400 yen.

② I'd like a hamburger, please.

4 ①

ときどき	— ice cream
いつも	— sometimes
牛にゅう	— always
アイスクリーム	— milk

（① ときどき→sometimes ② いつも→always ③ 牛にゅう→milk ④ アイスクリーム→ice cream）

5 ① What would you like?

② How much is it?

6 ① She is very kind.

② I usually get up at 6:00.

CD で読まれた英語

1 ① salad （サラダ）

② fried chicken （フライドチキン）

③ take a bath （ふろに入る）

④ brush my teeth （歯をみがく）

2 ① tea （こう茶）

② go to bed （ねる）

3 ① It's 400 yen.

（それは400円です。）

② I'd like a hamburger, please.

（ハンバーガーを１つお願いします。）

38 総まとめテスト① 79~80 ページ

1 ① イ ② ア ③ ア ④ イ

2 ① March

② swimming

3 ① This is my grandfather.

② Where is the zoo?

4 ① watch

② music

③ family

5 ① I'd like a hamburger, please.

② I want to be a vet.

6 ① He is active.

② He can play tennis.

CD で読まれた英語

1 ① ア hat （〈ふちのある〉ぼうし）

イ cat （ねこ）

② ア ball （ボール）

イ fall （秋）

③ ア map （地図）

イ cap （〈ふちのない〉ぼうし）

④ ア summer （夏）

イ soccer （サッカー）

2 ① March （３月）

② swimming （水泳）

3 ① This is my grandfather.

（こちらはわたしの祖父です。）

② Where is the zoo?

（動物園はどこですか。）

アドバイス

5 ① I'd like の代わりに，I want を使うこともできます。

6 Sam は男の子なので，He（かれ）を使って文を作ります。②「テニスができる」は can play tennis です。

39 総まとめテスト② 81~82 ページ

1 ① ア ② ウ ③ ア ④ イ

2 ① table

② get up

3 ① ア ② イ

4 ①

朝	— umbrella
かさ	— morning
時計	— post office
ゆう便局	— clock

（① 朝→morning ② かさ→umbrella ③ 時計→clock ④ ゆう便局→post office）

5 ① How much is this cap?

② I usually go to bed at 9:00.

6 ① （例）I like dogs.

② （例） My birthday is May 3rd.

1 ① 食べ物　ア science（理科）
　　　　　　イ curry and rice
　　　　　　　（カレーライス）
　　　　　　ウ salad（サラダ）
　② 曜日　ア Wednesday（水曜日）
　　　　　　イ Friday（金曜日）
　　　　　　ウ calendar（カレンダー）
　③ 家族　ア chair（いす）
　　　　　　イ brother（兄，弟）
　　　　　　ウ sister（姉，妹）
　④ 職業　ア pilot（パイロット）
　　　　　　イ notebook（ノート）
　　　　　　ウ astronaut（宇宙飛行士）

2 ① table（テーブル）
　② get up（起きる）

3 ① ア I have English on Mondays.
　　　　（月曜日には英語があります。）
　　　イ I have social studies on Tuesdays.
　　　　（火曜日には社会があります。）
　② ア Go straight and turn right.
　　　　（まっすぐ行って，右に曲がってく
　　　　ださい。）
　　　イ Go straight and turn left.
　　　　（まっすぐ行って，左に曲がってく
　　　　ださい。）

❗アドバイス

5 ① ねだんをたずねて「いくらですか」と
言うときは，How much を使います。
　②「ねる」は go to bed と言います。「ふ
だん」は usually で，go の前に置きます。
「～時に」と時こくを言うときは，at を使
います。

6 ① 自分の好きな動物を伝えるときは，I
like のあとに，好きな動物を続けて言いま
す。dogs, cats のように単語の最後に s
をつけることに気をつけましょう。